ARD Buffet ①

Kochen mit
Otto Koch

Tre Torri

Er kam schon als Koch zur Welt –
Otto Koch

Der Name war für ihn offenbar Berufung.
Ein Glücksfall für alle, die gerne gut essen und für alle, die selbst mit Leidenschaft kochen.

Otto Koch hat die Koch-Szene in Deutschland in den letzten Jahrzehnten entscheidend mit geprägt. Ohne sich selbst in den Vordergrund zu drängen. Er gehört eher zu den Stillen im Lande. Dabei hat er viel zu sagen.

Otto Koch steht für eine nicht nachlassende Kreativität bei der Rezept-Entwicklung, für höchste Ansprüche bei der Auswahl der Produkte – auch für einfache und preiswerte Gerichte –, für handwerkliche Perfektion in der Zubereitung und für Ästhetik und Präzision beim Anrichten. Er beherrscht die Kochkunst auf höchstem Niveau ohne den Blick für die Basisküche zu verlieren.
Im Laufe der Jahre hat er viele heutige Spitzenköche ausgebildet und gefördert. Seine Reputation im Kollegenkreis ist enorm. Viele sprechen fast ehrfürchtig von „Papa Otto". Darüber hinaus kümmert sich Koch aber auch mit großem Erfolg in seiner „École Culinaire" um die Weiterbildung von Köchen in Betriebsrestaurants und viele der Belegschaften profitieren davon.

Otto Koch kocht mit einer klaren Grundhaltung. Er war einer der Ersten, die sich konsequent für die Verwendung von Bio-Produkten eingesetzt haben. Sein Credo: „Nur wenn ein gutes Grundprodukt in Topf oder Pfanne landet, kann auch etwas Gutes dabei herauskommen."

Das ist die professionelle Seite von Otto Koch.

Die private: Er ist ein äußerst liebenswürdiger, stets hilfsbereiter Mensch. Er liebt und lebt seinen Beruf. Und er ist bei all seinem Erfolg stets bescheiden geblieben. Das unterscheidet ihn wohltuend von vielen Anderen.

Wir sind stolz, dass er seit vielen Jahren unser „ARD Buffet" bereichert.
Mit seiner Kochkunst, aber auch als Mensch und Kollege.

Redaktion

Zu einer Zeit,
als Bio noch nicht boomte,

ökologische Landwirtschaft bestenfalls milde belächelt wurde und Masse in jedem Fall mehr galt als Klasse, legte Otto Koch bereits Wert auf Wesentliches: Qualität, Regionalität und die richtige Auswahl von (deutschen) Lebensmitteln. Sein Schlüsselerlebnis für diese Erkenntnis – ein Menü, das er in den 1960er Jahren bei Häberlin zu sich nahm und an das er sich auf Grund dieser wahren Geschmacksexplosion bis heute erinnert. „Es war die derart herausragende Qualität, die mich motiviert und inspiriert hat", erläutert der gebürtige Bayer, der seinerzeit noch Jung-Koch zu Beginn seiner anschließenden, steilen Karriere war.

Mit seinem Restaurant „Le Gourmet" in der bayerischen Hauptstadt erkochte er sich bereits 1976 seinen ersten Stern, zahlreiche Auszeichnungen folgten. Und das obwohl durchaus zünftig Regionales bei ihm auf der Karte zu finden war. Vielleicht aber auch gerade deshalb. Zeigte Otto Koch doch, zu welchen Gipfeln sich die bayerische Küche emporzuschwingen vermag. Sein Ziel: stets den charakteristischen Eigengeschmack des jeweiligen Produktes zu betonen. So schmecken etwa sein Krautstrudel nach guten Kartoffeln (Seite 61) und seine klassischen Rinderrouladen (Seite 137) nach besonders geschmackvollem Fleisch. Das aber, so wird der waschechte Münchner nicht müde zu betonen, geht nur, wenn die Qualität von Gemüse und Fleisch stimmt. „Dann kann es eine Roulade sehr wohl mit einem Filetsteak aufnehmen und ein simples Kartoffelgericht sogar Feinschmecker glücklich machen!", zeigt sich Otto Koch überzeugt.

Seine „Falsche Prinzregententorte" (Seite 50) jedenfalls ließ schon vor über 30 Jahren die Gourmets zu ihm pilgern und hat bis heute nichts an Originalität eingebüßt. Die Kombination von Champignons, Morcheln, Schalotten und Kräutern mit Eiern und Mehl löst bis heute Überraschungseffekte aus. Eine ähnliche Wirkung hat seine Art, Mousse au chocolat (Seite 158) zuzubereiten. An sich ja schon fast nichts Besonderes mehr. Otto Koch verblüfft jedoch, wenn er diese in Schokoladeneierschalen mit Mangoeidotter als optischen Blickfang präsentiert – vom Genuss mal ganz zu schweigen!

Auf der Stelle zu treten, sich zurückzulehnen, war noch nie seine Sache. Deshalb hat sich Otto Koch immer weiter bewegt und reist heute als Gourmet-Chef und kulinarischer Berater beim Reiseveranstalter Robinson um die Welt – stets auf der Suche nach dem Optimum für Leib und Seele. Auch das übrigens mit Erfolg: 2004 wurden er und sein Team mit einem Michelin-Stern für das Erlebnisrestaurant „KochART" im österreichischen Zürs ausgezeichnet. Wesentliche Grundprodukte neu zu kombinieren, wenn möglich ohne großen Aufwand, und Geschmacksvariationen zu überraschenden Gerichten weiterzuentwickeln, ist also offensichtlich ein überzeugendes Konzept.

Wenn Otto Koch Zeit hat, nicht auf der Suche nach neuen Ideen ist oder für das ARD-Buffet kocht, erklimmt er gern Berge. Hierbei kommt ihm eine Faustregel zugute, die er auch in seinem Beruf stets beherzigt hat: Man muss langsam steigen, um bis zu den höchsten Höhen zu gelangen. Er ist sicher, dass man sonst unterwegs zu früh schlapp macht und aufgeben muss.

Und von noch etwas ist der begeisterte Alpinist überzeugt: „Nur wer gerne gut isst, kann auch gut kochen!" In diesem Sinne wünschen wir Ihnen viel Freude mit den Rezepten von Otto Koch!

Tre Torri Verlag

Inhalt

Salate & Vorspeisen

Frühlingssalat
mit Ziegenkäsecrostini

Rezept für 2 Personen

Frühlingssalat
100 g gemischte Blattsalate
    (z.B. Kopf-, Frisée-,
    Schnittsalat und Radicchio)
½ Bund glatte Petersilie
½ Bund Schnittlauch
3 weiße Champignons
4 EL Olivenöl
2 EL Kräuteressig
Salz, Pfeffer

Ziegenkäsecrostini
½ Baguette oder 1 Baguettebrötchen
3 EL Olivenöl
1 geschälte Knoblauchzehe
200 g Ziegenfrischkäserolle
Salz, Pfeffer

Für den Frühlingssalat die Salate putzen, zerpflücken, waschen und trocken schleudern. Von der Petersilie die Blätter abzupfen und fein hacken, Schnittlauch in Röllchen schneiden. Die Champignons putzen und in Scheiben schneiden. Aus Olivenöl, Kräuteressig, Salz und Pfeffer eine Vinaigrette herstellen. Petersilie unterrühren und den Salat damit anmachen.

Für die Crostini vom Baguette oder -brötchen 6 Scheiben abschneiden, diese in einer beschichteten Pfanne mit 2 EL Olivenöl goldbraun rösten. Anschließend mit der Knoblauchzehe abreiben, jeweils mit einer Scheibe Ziegenkäse belegen und mit Salz und Pfeffer würzen. Das restliche Olivenöl darüber träufeln und unter dem auf 250 °C vorgeheizten Backofengrill ca. 5–8 Minuten goldbraun überbacken.

Den Salat auf Tellern anrichten, mit Champignonscheiben und Schnittlauch bestreuen und mit den Ziegenkäsecrostini garnieren.

Otto Koch: „Frisch gemacht sind die Crostini einfach wunderbar kross und zart. Deshalb nicht zu lange stehen lassen, sonst werden sie schnell zäh!"

Kartoffel-Pesto-Salat
mit marinierten Rumpsteaks

Rezept für 2 Personen

Rumpsteaks
2 TL schwarze Pfefferkörner
1 TL Wacholderbeeren
2 Knoblauchzehen
100 ml Sonnenblumenöl
1 TL edelsüßes Paprikapulver
1 TL gemahlener Kreuzkümmel
4 Zweige Thymian
2 Zweige Rosmarin
2 Rumpsteaks (à ca. 180 g)

Kartoffel-Pesto-Salat
500 g festkochende Kartoffeln
Salz
1 kleine Zwiebel
ca. 250 ml Gemüsebrühe (siehe Seite 170)
3 EL Weißweinessig
3 EL Sonnenblumenöl
1 TL scharfer Senf
Pfeffer
2 EL Basilikum-Pesto

🌶 Für die Marinade der Rumpsteaks die Pfefferkörner und Wacholderbeeren in einem Mörser zerstoßen. Knoblauch schälen und fein hacken. Alles mit Sonnenblumenöl mischen, Paprikapulver, Kreuzkümmel und die Kräuterzweige zugeben. Den Fettrand der Steaks einschneiden, die Steaks in die Marinade legen und abgedeckt ca. 1 Stunde kalt gestellt darin ziehen lassen.
🌶 Kurz vor dem Servieren das Fleisch aus der Marinade nehmen, das Öl etwas abtupfen und auf dem Grill grillen oder in einer Pfanne von beiden Seiten ca. 2–3 Minuten schön kräftig braten.
🌶 Für den Kartoffelsalat die Kartoffeln in Salzwasser kochen, abschütten, etwas abkühlen lassen, pellen und in Scheiben schneiden. Die Zwiebel schälen und sehr fein würfeln. Die Brühe aufkochen und zu den Kartoffeln gießen. Zwiebelwürfel, Essig, Öl und Senf zugeben. Mit Salz, Pfeffer sowie Basilikum-Pesto abschmecken, alles gut mischen und zu den Steaks servieren.

Otto Koch: „Für Steaks unterscheidet man drei unterschiedliche Garstufen: ‚englisch', d. h. mit einem noch rohen Kern nach knapp 2-minütigem scharfen Anbraten. Als ‚medium' wird ein Steak bezeichnet, wenn es etwa 3 Minuten halb durchgebraten und noch rosa ist, ‚well-done', wenn das Fleisch nach gut 5 Minuten völlig durchgebraten ist (Angaben bezogen auf ca. 180 g Steak)."

Wildkräutersalat
mit gebratenem Kaninchen

Rezept für 2 Personen

Wildkräutersalat
100 g Wildkräutersalat
2 EL Balsamico-Essig
4 EL Olivenöl
1 TL mittelscharfer Senf
1 Zwiebel
Salz, Pfeffer
Zucker

Kaninchen
2 Kaninchenfilets
Salz, Pfeffer
2 EL Olivenöl
150 ml brauner Kalbsfond
    (siehe Seite 173)

Garnitur
2 essbare Blüten

Wildkräutersalat putzen, waschen und trocken schleudern.

Balsamico-Essig und Olivenöl mit Senf verrühren. Zwiebel schälen, fein würfeln und unter das Dressing mischen. Mit Salz, Pfeffer und 1 Prise Zucker abschmecken. Kurz vor dem Servieren den Salat mit der Vinaigrette anmachen.

Die Kaninchenfilets mit Salz und Pfeffer würzen und in einer Pfanne mit dem Olivenöl scharf braten. Herausnehmen, in Alufolie wickeln und warm halten.

In der Zwischenzeit den Bratenansatz mit dem Kalbsfond aufgießen und einige Minuten auf die gewünschte Konsistenz einkochen. Dann mit Salz und Pfeffer abschmecken.

Den Salat anrichten, die Kaninchenfilets auf den Salat geben, mit etwas Sauce beträufeln und mit den essbaren Blüten garnieren.

 Otto Koch: „Da die Kaninchenfilets sehr dünn und zart sind, darf man sie nur ganz kurz anbraten und dann im Backofen bei maximal 70 °C warm halten. Sonst wird das Fleisch zu trocken."

Blattsalat
mit Tintenfischen und Austernpilzen

Rezept für 4 Personen

200 g gemischte Blattsalate
(z. B. Kopfsalat, Batavia, Lollo Rosso)
1 Bund Rucola
1 Bund Kerbel
½ Bund glatte Petersilie
1 Schalotte
2 Knoblauchzehen
8 EL Olivenöl
2 EL Kräuteressig
1 TL mittelscharfer Senf
Salz, Pfeffer
100 g Austernpilze
500 g sehr kleine Tintenfische (Seppioline)
Mehl zum Wenden

Dazu schmeckt
knuspriges Baguette.

🐾 Blattsalate und Rucola putzen, grob zerpflücken, waschen und trocken schleudern. Von Kerbel und Petersilie die Blätter abzupfen, die Petersilie fein hacken. Schalotte sowie Knoblauchzehen schälen und fein würfeln. Aus 4 EL Olivenöl, Kräuteressig und Senf eine Vinaigrette herstellen, mit Salz und Pfeffer würzen. Schalottenwürfel und Petersilie unterrühren. Kurz vor dem Servieren Blattsalate, Rucola und Kerbel mischen und mit der Vinaigrette anmachen.

🐾 Die Austernpilze putzen. Die Tintenfische säubern, mit Salz und Pfeffer würzen und in Mehl wenden. Knoblauch in einer Pfanne mit 2 EL Olivenöl erhitzen und die Tintenfische darin goldbraun braten. In einer zweiten Pfanne die Austernpilze ebenfalls gut im restlichen Olivenöl braten, mit Salz und Pfeffer würzen.

🐾 Den Salat anrichten und mit den Pilzen sowie Tintenfischen garnieren.

 Otto Koch: „Die kleinen Tintenfische in einer schweren Pfanne scharf anbraten, bis sie Farbe haben. Nicht zu viele auf einmal in die Pfanne geben, weil diese sonst sehr schnell abkühlt und die Tintenfische somit viel Saft verlieren."

Salat mit falschen
„Schweineschwänzchen"

Rezept für 2 Personen

„Schweineschwänzchen"
6 Oktopus-Tentakel (ca. 500 g)
grobes Meersalz
½ Bund Petersilie
1 Knoblauchzehe
2 EL Olivenöl

Beilage
8 kleine neue Kartoffeln
Salz
2 EL Olivenöl
Pfeffer

Salat
1 Schalotte
½ Bund Basilikum
2 EL Kräuteressig
4 EL Olivenöl
Salz, Pfeffer
½ Kopfsalat

Schnittlauch-Joghurt
½ Bund Schnittlauch
150 g Joghurt
Salz, Pfeffer

🥄 Für die „Schweineschwänzchen" die Tentakel säubern, zusammen mit etwas grobem Meersalz und wenig Wasser in einen Topf geben und abgedeckt ca. 60 Minuten weich kochen. Nach Ende der Garzeit die Tentakel kurz mit kaltem Wasser abschrecken, die rote Haut sowie die Saugnäpfe abstreifen und gut säubern. Von der Petersilie die Blätter abzupfen und fein hacken. Den Knoblauch schälen und leicht andrücken.

🥄 Kurz vor dem Servieren die Tentakel, also die falschen „Schweineschwänzchen", mit der Knoblauchzehe in Olivenöl braten. Dann die Petersilie darüber streuen und mit Meersalz würzen.

🥄 Für die Beilage die Kartoffeln mit der Schale in Salzwasser kochen, abschütten und abkühlen lassen. Vor dem Servieren die Kartoffeln in einer Pfanne mit Olivenöl goldgelb braten. Mit Salz und Pfeffer abschmecken.

🥄 Für den Salat die Schalotte schälen und fein würfeln. Vom Basilikum die Blätter abzupfen und in feine Streifen schneiden. Aus Essig, Olivenöl, Schalottenwürfeln sowie Basilikum eine Vinaigrette herstellen und mit Salz und Pfeffer würzen. Kopfsalat putzen, zerpflücken, waschen und trocken schleudern. Kurz vor dem Anrichten den Salat mit der Vinaigrette anmachen.

🥄 Den Schnittlauch in Röllchen schneiden, mit dem Joghurt vermischen, mit Salz und Pfeffer abschmecken.

🥄 Den Salat auf Tellern anrichten, die falschen „Schweineschwänzchen" auf den Salat geben und mit den Kartoffeln umlegen. Mit etwas Schnittlauch-Joghurt umgießen.

 Otto Koch: „Da die Oktopustentakel unterschiedliche Garzeiten haben, ist es sinnvoll, nach etwa 40 Minuten ab und an zu probieren, ob sie schon fertig sind."

Cocktail von Spargelsalat
und Spargelmousse

Rezept für 4 Personen

Spargelmousse
5 Blatt Gelatine
500 g weißer Spargel
Salz, Pfeffer
250 ml Sahne

Spargelsalat
½ Bund glatte Petersilie
gegarter Spargel (s. o.)
80 g Hummerfleisch
2 EL heller Balsamico-Essig
4 EL Olivenöl
Pfeffer
Zucker
100 g Thaispargel
Salz

🐀 Für die Spargelmousse zunächst die Gelatine in kaltem Wasser einweichen. Den weißen Spargel gut schälen. Von den Spargelstangen das untere Drittel abschneiden, zusammen mit den Schalen in wenig Salzwasser abgedeckt 10 Minuten kochen und passieren.

🐀 Die Spargelstangen ebenfalls in wenig Salzwasser ca. 5 Minuten bissfest garen. Die Spargelstangen herausnehmen, mit einem feuchten Tuch abdecken und kalt stellen. Den Kochfond passieren, mit dem Schalenfond mischen und auf 250 ml einkochen. Mit Salz und Pfeffer abschmecken, die ausgedrückte Gelatine darin auflösen, abkühlen lassen und kalt stellen.

🐀 Die Sahne schön steif schlagen und bis zur Verwendung ebenfalls im Kühlschrank aufbewahren. Kurz bevor der Fond anzieht, die geschlagene Sahne unterheben und die Masse in Whiskygläser füllen. Im Kühlschrank ca. 6 Stunden fest werden lassen.

🐀 Von der Petersilie die Blätter abzupfen und fein hacken. Die gegarten Spargelstangen schräg in 2–3 cm große Stücke schneiden. Hummerfleisch in mundgerechte Stücke schneiden. Zusammen mit dem Spargel, Petersilie, Balsamico-Essig und Olivenöl mischen. Mit Salz, Pfeffer sowie 1 Prise Zucker abschmecken.

🐀 Den Thaispargel putzen, kurz in wenig Salzwasser bissfest garen, in eiskaltem Wasser abschrecken und der Länge nach halbieren.

🐀 Den Glasrand mit den Spargelhälften auskleiden, den Salat auf der Mousse verteilen und servieren.

Otto Koch: „Statt Hummerfleisch können sie auch Garnelen verwenden."

Linsensalat
mit Rührei und geräucherter Forelle

Rezept für 2 Personen

Linsensalat
150 g feine schwarze Linsen
   (z. B. Kaviar-Linsen)
2 Schalotten
4 EL Olivenöl
250 ml Gemüsebrühe
   (siehe Seite 170)
50 g Knollensellerie
50 g Karotte
50 g Lauch
1 EL Sherryessig
Salz, Pfeffer

Rührei und geräucherte Forelle
150 g Forellenfilets
2 EL Olivenöl
3 Eier
Salz, Pfeffer
2 EL Butter
¼ Bund Schnittlauch

🐟 Für den Salat die Linsen einige Stunden in reichlich kaltem Wasser einweichen. Schalotten schälen, in feine Würfel schneiden und in einem Topf mit 1 EL Olivenöl anschwitzen. Die eingeweichten Linsen abschütten, mit den Schalottenwürfeln mischen und mit Brühe auffüllen. Abgedeckt ca. 20 Minuten köcheln lassen.

🐟 Sellerie und Karotte putzen, schälen und alles in feine Würfel schneiden. Lauch putzen und ebenfalls fein würfeln. Die Gemüsewürfel zu den Linsen geben und noch ca. 3 Minuten mitkochen. Am Schluss sollte die Brühe verkocht bzw. von den Linsen aufgesogen sein.

🐟 Dann die Mischung in eine Schüssel geben und mit Sherryessig sowie restlichem Olivenöl mischen, Salz und Pfeffer abschmecken.

🐟 Die Forellenfilets in Stücke schneiden. Anschließend in einer beschichteten Pfanne mit dem Olivenöl vorsichtig und nur leicht braten, herausnehmen und warm halten. Die Eier verquirlen, mit Salz und Pfeffer würzen und in der Pfanne mit der Butter zu Rührei braten. Schnittlauch in Röllchen schneiden.

🐟 Den Linsensalat auf Tellern anrichten, das Rührei in die Mitte geben, mit den Forellenfiletstücken garnieren und mit dem Schnittlauch bestreuen.

 Otto Koch: „Dieses Gericht können sie auch sehr gut mit geräuchertem Aalfilet zubereiten."

Sülze von Berliner Weiße
mit Matjessalat

Rezept für 2 Personen

Sülze
1 Flasche (0,5 l) Berliner Weiße
8 Blatt Gelatine
Saft von ½ Zitrone

Matjessalat
2 Matjesfilets
2 kleine gekochte Kartoffeln
2 Cornichons
1 Schalotte
250 g Joghurt
Salz, Pfeffer

Garnitur
1 TL fein gehackte Petersilie
1 unbehandelte Zitrone

Für die Sülze das Bier einige Stunden vor der Zubereitung öffnen. Es sollte bis zur Verwendung Zimmertemperatur haben. Gelatine in kaltem Wasser einweichen. Das Bier in einem Topf vorsichtig erhitzen und ständig abschäumen. Auf keinen Fall aufkochen, da es sonst zu stark schäumt. Die eingeweichte Gelatine gut ausdrücken und im erhitzten Bier auflösen. Gut verrühren, abkühlen lassen und mit dem Zitronensaft würzen. Kurz vor dem Gelieren in Berliner-Weiße-Gläser oder Eisbechergläser füllen und im Kühlschrank ca. 6 Stunden fest werden lassen.

Für den Salat die Matjesfilets, Kartoffeln und Cornichons in kleine Stücke schneiden. Schalotte schälen und in feine Scheiben schneiden. Alles mit dem Joghurt vermischen, mit Salz und Pfeffer abschmecken.

Den Matjessalat auf der Sülze anrichten und mit Petersilie bestreuen. Die Zitrone heiß abwaschen, in Spalten schneiden und jedes Glas damit garnieren.

 Otto Koch: „Wenn man dieses Gericht im Original Berliner Weiße Glas anrichtet, sieht es besonders schön und originell aus."

Gebratenes Thunfischtatar
mit Tomaten-Oliven-Vinaigrette

Rezept für 2 Personen

Tomaten-Oliven-Vinaigrette
½ Bund glatte Petersilie
½ Bund Schnittlauch
120 g Tomaten
50 g entsteinte schwarze Oliven
2 EL Olivenöl
Salz, Pfeffer
1 Spritzer Balsamico-Essig
6 Basilikumblätter

Thunfischtatar
250 g Thunfischfilet (Sushiqualität)
1 Schalotte
1 Cornichon
1 TL Kapern
70 ml Olivenöl
restliche Kräuter (siehe oben)
Salz, Pfeffer
1 Spritzer Zitronensaft
2 Blatt Filoteig

🐟 Von der Petersilie die Blätter abzupfen und fein hacken, Schnittlauch in kleine Röllchen schneiden. Tomaten ein-ritzen, mit kochendem Wasser überbrühen, abschrecken und häuten. Anschließend entkernen und würfeln. Oliven in feine Scheiben schneiden. Tomaten mit Oliven, Olivenöl und der Hälfte der Kräuter mischen. Mit Salz und Pfeffer sowie Balsamico-Essig abschmecken. Basilikumblätter hacken und kurz vor dem Servieren untermischen.

🐟 Das Thunfischfilet mit einem scharfen Messer in sehr feine Würfel schneiden – damit das Tatar schön locker bleibt, sollte der Fisch nicht gehackt werden. Die Schalotte schälen und zusammen mit dem Cornichon und den Kapern fein hacken. Vorsichtig unter die Thunfischwürfel mischen, 1 TL Olivenöl sowie restliche Kräuter unterrühren und mit Salz, Pfeffer sowie Zitronensaft abschmecken.

🐟 Aus dem Tatar kleine Plätzchen formen. Den Filoteig in feine Streifen schneiden, die Tatarplätzchen darin wälzen und in einer Pfanne mit dem restlichem Olivenöl scharf braten, sodass der Teig schön kross wird. Das Tatar sollte innen jedoch kalt bleiben.

🐟 Das gebratene Thunfischtatar mit der Tomaten-Oliven-Vinaigrette anrichten.

 Otto Koch: „Das A und O bei diesem Gericht ist die Frische vom Thunfisch, hier sollten sie keine Zugeständ-nisse machen."

Pfannkuchen-Lachs-Roulade
mit Dillsauce

Rezept für 2 Personen

Pfannkuchen-Lachs-Roulade
3 Eier
250 ml Milch
100 g Mehl
Salz
50 g zerlassene Butter
2 EL Butterschmalz
200 g gebeizter Lachs in Scheiben

Dillsauce
1 Bund Dill
80 g Joghurt
80 g Crème fraîche
Salz, Pfeffer

🥄 Für die Pfannkuchen Eier, Milch und Mehl vermischen und 1 Prise Salz zugeben. Butter unter den Teig rühren. Etwas Butterschmalz in einer beschichteten Pfanne erhitzen und darin nacheinander 4 dünne Pfannkuchen ausbacken. Auf Küchenpapier abtropfen lassen und anschließend die Pfannkuchen einzeln auslegen. Die Lachsscheiben gleichmäßig auf die Pfannkuchen legen und einrollen. Dann schräg in dünne Scheiben schneiden.
🥄 Für die Dillsauce die Dillspitzen abzupfen und fein hacken. Mit Joghurt und Crème fraîche vermischen, dann mit Salz und Pfeffer abschmecken.
🥄 Die Pfannkuchenscheiben auf Tellern schön verteilen und mit der Sauce umgießen.

 Otto Koch: „Statt gebeiztem Lachs lässt sich hier auch wunderbar Räucherlachs verwenden."

Schafskäseroulade im gebratenen
Gemüse mit Paprika-Vinaigrette

Rezept für 4 Personen

Gebratenes Gemüse
1 Zucchini
1 kleine Aubergine
3 EL Olivenöl

Schafskäseroulade
1 Knoblauchzehe
2 Stängel glatte Petersilie
2 Zweige Thymian
1 Zweig Rosmarin
4 Basilikumblätter
200 g Ziegenfrischkäse
100 g Schafskäse
Salz, Pfeffer
gegrillte Zucchini- und
    Auberginenscheiben

Paprika-Vinaigrette
4 EL Olivenöl
2 EL Kräuteressig
Salz, Pfeffer
¼ rote Paprikaschote
¼ gelbe Paprikaschote
½ Bund Estragon
4 Salatblätter zum Anrichten

🐑 Für das gebratene Gemüse Zucchini und Aubergine putzen, längs in dünne Scheiben schneiden, mit Olivenöl bestreichen und auf dem Grill oder in einer Grillpfanne grillen, bis sie schöne braune Streifen haben. Dann auf Küchenpapier abtropfen lassen.

🐑 Für die Schafskäseroulade den Knoblauch schälen und fein hacken. Von der Petersilie und dem Thymian die Blätter abzupfen, vom Rosmarin die Nadeln abstreifen und alles fein hacken. Basilikumblätter ebenfalls fein hacken. Ziegen- und Schafskäse gut vermischen, Knoblauch und Kräuter zugeben und mit Salz und Pfeffer abschmecken.

🐑 Auf einem Stück Frischhaltefolie die Gemüsescheiben abwechselnd leicht überlappend auslegen und mit der Käsemasse bestreichen. Vorsichtig einrollen, zur Stabilisierung nochmals in Alufolie einrollen und ca. 6 Stunden kalt stellen.

🐑 Für die Vinaigrette das Olivenöl mit Essig, Salz und Pfeffer zu einer Vinaigrette verrühren. Paprika putzen und in sehr feine Würfel schneiden. Vom Estragon die Blätter abzupfen, hacken und alles unter die Vinaigrette heben.

🐑 Salatblätter auf den Tellern anrichten. Die Käserolle aus der Folie wickeln, in Scheiben schneiden, auf den Salatblättern anrichten und mit der Vinaigrette umgießen.

 Otto Koch: „Um die Schafskäseroulade besonders saftig und schnittfest zu bekommen, kann man einige Blatt Gelatine auflösen und unter die Käsemasse mischen."

Ziegenkäseflan
mit Kartoffel-Paprika-Vinaigrette

Rezept für 2 Personen

Ziegenkäseflan
250 g Ziegenfrischkäse
1 Ei
1–2 EL Sahne
Salz, weißer Pfeffer
Butter zum Einfetten
Semmelbrösel zum Ausstreuen

Kartoffel-Paprika-Vinaigrette
1 rote Paprikaschote
1 gekochte Kartoffel
3 Stängel Petersilie
2 EL Essig
4 EL Olivenöl
Salz, Pfeffer

🐾 Für den Flan den Frischkäse abtropfen lassen. Anschließend mit dem Ei vermischen und eventuell etwas Sahne zugeben, falls der Käse zu trocken sein sollte. Mit Salz und Pfeffer würzen.

🐾 2 große Souffléförmchen oder Kaffeetassen ausbuttern und mit Semmelbröseln ausstreuen. Die Käsemasse einfüllen und im vorgeheizten Backofen bei 180 °C Ober- und Unterhitze ca. 20 Minuten backen.

🐾 Für die Vinaigrette die Paprikaschote putzen, Kartoffel pellen und beides sehr fein würfeln. Von der Petersilie die Blätter abzupfen und fein hacken. Essig, Öl sowie Petersilie zu einer Vinaigrette verrühren, mit Salz und Pfeffer abschmecken. Die Kartoffel- und Paprikawürfel untermischen.

🐾 Die Ziegenkäseflans stürzen und mit der Kartoffel-Paprika-Vinaigrette umgießen.

 Otto Koch: „Wenn Sie Ziegenkäse nicht so gern mögen, können Sie dieses Gericht alternativ auch sehr gut mit Ricotta zubereiten."

Lammfilets in Senfsaat gebacken
mit Salat

Rezept für 2 Personen

Salat
100 g Blattsalat (z. B. Eichblattsalat,
    Batavia, Kopfsalat, Frisée-Salat)
3 Stängel glatte Petersilie
5 Schnittlauchhalme
2 EL Essig
4 EL Olivenöl
Salz, Pfeffer

Lammfilets
4 Lammfilets (à ca. 80 g)
Salz, Pfeffer
1 EL Mehl
1 Ei
30 g Senfsaat
2 EL Sonnenblumenöl
1 EL Butter

Dazu passen geröstete Knoblauchbaguettes.

 Den Salat putzen, grob zerpflücken, waschen und gut trocken schleudern. Von der Petersilie die Blätter abzupfen und fein hacken, Schnittlauch in Röllchen schneiden. Essig, Olivenöl, Salz und Pfeffer sowie die Kräuter zu einer Vinaigrette verrühren. Kurz vor dem Servieren über den Salat träufeln.

Lammfilets mit Salz und Pfeffer würzen, mit Mehl bestäuben, durch das verquirlte Ei ziehen und in der Senfsaat wenden. In einer Pfanne mit Öl von beiden Seiten knusprig braten, Butter zugeben und nochmals kurz wenden. Das Fleisch aus der Pfanne nehmen und mit dem Salat anrichten.

Otto Koch: „Senfsamen zeichnen sich durch einen relativ milden Geschmack aus, der leicht nussartig ist. Sie unterstreichen das Aroma der Lammfilets ganz dezent."

Kartoffelterrine
mit Schnittlauchsauce

Rezept für 2 Personen

Kartoffelterrine
800 g vorwiegend festkochende
    Kartoffeln
Salz
100 g Champignons
1 Schalotte
1 EL Butter
Pfeffer
1 EL fein gehackte Petersilie
1 Knoblauchzehe
250 ml Sahne
2 Eier
50 g geriebener Greyerzer
150 g Sardellenfilets

Schnittlauchsauce
1 Bund Schnittlauch
200 ml Gemüsebrühe
    (siehe Seite 170)
150 ml Sahne
150 g Joghurt
Salz, Pfeffer

🥄 Für die Terrine die Kartoffeln in Salzwasser kochen, abschütten, pellen und noch heiß in dünne Scheiben schneiden. Champignons putzen und in einem Blitzhacker oder mit einem Messer sehr fein hacken. Die Schalotte schälen, fein würfeln und in einer Pfanne mit Butter anbraten. Champignons zugeben, mit anbraten, die entstandene Flüssigkeit etwas verdunsten lassen und mit Salz, Pfeffer und Petersilie abschmecken. Knoblauch schälen, fein hacken und mit Sahne und Eiern verquirlen. Geriebenen Käse darunter mischen, salzen und pfeffern.

🥄 Diese Mischung vorsichtig mit den Kartoffelscheiben vermengen und eine Schicht in eine passende, mit Alufolie ausgelegte Terrinenform füllen. Die Oberfläche etwas andrücken, dann einige Sardellenfilets und etwas von der Champignonmasse darauf verteilen. So schichtweise die Form füllen und mit Kartoffeln abschließen. Mit der Folie abdecken und in einem heißen Wasserbad im vorgeheizten Backofen bei 200 °C Ober- und Unterhitze ca. 30–40 Minuten garen.

🥄 Für die Sauce Schnittlauch in feine Röllchen schneiden. Die Gemüsebrühe auf die Hälfte einkochen. Sahne zugeben und auf eine sämige Konsistenz einkochen. Anschließend mit einem Pürierstab aufmixen, Joghurt unterrühren und mit Salz und Pfeffer abschmecken. Die Schnittlauchröllchen unterrühren.

🥄 Die Terrine in Scheiben schneiden und lauwarm oder auch kalt mit der Schnittlauchsauce anrichten.

 Otto Koch: „Die Kartoffelterrine schmeckt besonders gut mit frischem Forellen- oder Lachskaviar."

Geflügelleberterrine
im Glas

Rezept für 2 Personen

1 kleine Knoblauchzehe
200 g Butter
Muskatnuss
½ TL fein gehackter Majoran
½ TL fein gehackter Thymian
200 g gut gekühlte Enten- oder Hühnerlebern
1 Ei
je 1 Spritzer Cognac und Portwein
2 Spritzer Madeira
Salz, Pfeffer
3 Blatt Gelatine
200 ml heller Geflügelfond (siehe Seite 172)
2 Scheiben Toastbrot

Mit geröstetem
Brot servieren.

🐾 Den Knoblauch schälen und fein hacken. Zusammen mit der Butter sowie 1 Prise frisch geriebener Muskatnuss, Majoran und Thymian in einem Topf aufschäumen. Anschließend abschäumen und passieren.

🐾 Die Lebern putzen, in einem Mixer zusammen mit der gewürzten Butter, Ei, Cognac sowie Portwein und Madeira fein pürieren. Dann durch ein Sieb streichen und mit etwas Salz und Pfeffer abschmecken. Bis zur Hälfte in Whisky-gläser einfüllen und diese in einen mit Wasser gefüllten Topf stellen. Im Wasserbad bei 85 °C ca. 30 Minuten garen, abkühlen lassen und anschließend ca. 2 Stunden kalt stellen.

🐾 Gelatine in kaltem Wasser einweichen. Den Geflügelfond etwas erwärmen und die ausgedrückte Gelatine darin auflösen. Mit einem Spritzer Madeira abschmecken und auf Eis abkühlen lassen. Kurz vor dem Festwerden das Ge-lee ca. 1 cm hoch auf die Geflügelleberterrine füllen und kalt gestellt ca. 1 Stunde fest werden lassen.

 Otto Koch: „Eine Vorspeise, die Sie sehr gut schon mehrere Tage im Voraus vorbereiten können, da diese im Kühlschrank aufbewahrt werden kann.

Suppen & Eintöpfe

Tomatensuppe
mit Überraschungseffekt

Rezept für 2 Personen

500 g reife Tomaten mit Grün
3 Schalotten
1 Knoblauchzehe
1 Zweig Thymian
1 Zweig Rosmarin
7 Blatt Gelatine
nach Belieben 25 g Speckwürfel
2 EL Olivenöl
100 ml heller Kalbsfond (siehe Seite 172)
    oder Gemüsebrühe (siehe Seite 170)
Salz, Pfeffer
4 Halbkugelformen (ca. 8 cm Durchmesser)
1 EL Butter
40 ml Gin
50 g geschlagene Sahne
1 EL gehackte glatte Petersilie

🥄 Von den Tomaten die grünen Stiele vorsichtig entfernen und beiseitelegen. Das Tomatenfleisch in grobe Würfel schneiden. 2 Schalotten und Knoblauch schälen und fein hacken. Thymianblätter und Rosmarinnadeln von den Zweigen zupfen. Gelatine in kaltem Wasser einweichen. Schalotten, Knoblauch und nach Belieben Speckwürfel in Olivenöl anschwitzen. Tomatenwürfel und Kräuter zugeben. Mit Fond oder Brühe auffüllen und kochen lassen. Wenn die Tomaten weich sind, durch ein Sieb passieren. Mit Salz und Pfeffer abschmecken. Gelatine ausdrücken, in die Suppe rühren und darin auflösen. Die Suppe in die Halbkugelformen füllen und mindestens 6 Stunden kalt stellen.
🥄 Anschließend die fest gewordenen Hälften aus den Formen lösen. Mit einem heißen Spachtel die glatten Seiten kurz erwärmen und je zwei Hälften zusammendrücken. Auf jede Kugel den zurückbehaltenen Tomatenstiel aufdrücken, damit das Ganze wieder wie frische Tomaten aussieht. Anschließend bis zum Servieren kalt stellen. Die restliche Schalotte schälen und fein würfeln.
🥄 Ich serviere die Suppe folgendermaßen: Die Schalottenwürfel in einem kleinen Topf mit Butter anschwitzen. Diesen Topf auf einem Rechaud auf den Tisch stellen. Die gelierten Tomaten ohne das Grün zugeben. Rasch mit Gin übergießen und flambieren. Durch die Hitze lösen sich die gelierten Tomaten auf, kurz aufkochen lassen und in Suppenschalen oder -tassen anrichten. Mit geschlagener Sahne und etwas gehackter Petersilie bestreut servieren.

Otto Koch: „Ihre Gäste werden diese Suppe einfach genial finden."

Gemüse-Kräuter-Suppe
unter der Blätterteighaube

Rezept für 4 Personen

25 g getrocknete Pilze
100 g Knollensellerie
100 g Karotte
100 g Lauch
100 g Petersilienwurzel
100 g getrocknete Tomaten
1 l Gemüsebrühe (siehe Seite 170)
1 Zweig Thymian
1 Zweig Rosmarin
3 Lorbeerblätter
8 zerstoßene Pfefferkörner
Salz, Pfeffer
2 Eigelb
1 EL fein gehackte Petersilie
1 EL fein gehackter Kerbel
1 EL fein gehacktes Basilikum
1 EL Schnittlauchröllchen
150 g frischer Blätterteig

🥄 Zunächst die Pilze in Wasser einweichen. Dann abgießen, dabei den Fond auffangen und die Pilze beiseitestellen. Gemüse putzen, gegebenenfalls schälen und grob würfeln. Die getrockneten Tomaten hacken. In einem großen Topf Brühe und Einweichfond der Pilze mit Gemüsewürfeln, Tomaten, Kräuterzweigen, Lorbeerblättern und zerstoßenem Pfeffer aufkochen. 30 Minuten köcheln lassen und dann durch ein Tuch passieren. Mit Salz und Pfeffer abschmecken und kalt stellen.

🥄 Die Suppentassen am äußeren Rand mit verquirltem Eigelb bepinseln, Pilze in die Tassen geben und zu drei Viertel mit der Suppe füllen. Die gehackten Kräuter darauf verteilen.

🥄 Vom Blätterteig so große Scheiben ausstechen, dass sie rund um die Suppentassen 1 cm hinaus stehen. Die Tassen mit den Teigplatten als Deckel verschließen und behutsam andrücken. Die Teigoberfläche mit dem restlichen Eigelb bepinseln und im vorgeheizten Backofen bei 220 °C Ober- und Unterhitze ca. 25 Minuten backen. Die Suppe mit dem Teigdeckel ganz heiß servieren.

Otto Koch: „Ein Klassiker vom großen Paul Bocuse, jedoch mit Gemüse und Kräutern zubereitet statt mit Trüffelbrühe."

Kürbissuppe

900 g Muskatkürbis
1 Schalotte
2 EL Butter
900 ml heller Geflügelfond
    (siehe Seite 172)
    oder Gemüsebrühe
    (siehe Seite 170)
½ Zitrone
Muskatnuss
Salz, Pfeffer

Den Kürbis schälen, entkernen und in ca. 2 cm große Würfel schneiden. Schalotte ebenfalls schälen und fein würfeln, anschließend in einem Topf mit Butter anschwitzen. Kürbis zugeben, mit Fond oder Brühe auffüllen und aufkochen.

Dann abgedeckt ca. 10 Minuten köcheln lassen, bis der Kürbis weich ist. Fein pürieren und eventuell passieren.

Die Zitrone auspressen und den Saft zur Suppe geben. Mit frisch geriebener Muskatnuss, Salz und Pfeffer abschmecken. Vor dem Servieren noch einmal kurz aufkochen.

Otto Koch: „Sehr gut schmeckt die Kürbissuppe auch, wenn sie mit frischem Ingwer abgeschmeckt wird! Somit erhält sie eine leicht exotische Note."

Kartoffelsuppe
mit Forellenkaviar

Rezept für 4 Personen

Kartoffelsuppe
300 g mehligkochende Kartoffeln
1 Schalotte
50 g Knollensellerie
50 g Petersilienwurzel
50 g Lauch
1 EL Butter
50 g geräucherte Speckwürfel
750 ml heller Kalbsfond
    (siehe Seite 172)
1 Zweig Majoran
5 Wacholderbeeren
10 Pfefferkörner
2 Lorbeerblätter
100 ml Sahne
Salz, Pfeffer

Garnitur
50 g Lauch
50 g Knollensellerie
50 g Karotte
Salz
80 g Forellenkaviar
    (alternativ Lachs- bzw.
    Saiblingkaviar)

🥄 Für die Suppe die Kartoffeln schälen und würfeln. Schalotte, Sellerie sowie Petersilienwurzel putzen und schälen. Lauch putzen und alles würfeln.

🥄 Die Schalottenwürfel mit dem Gemüse in Butter andünsten. Speckwürfel zugeben und einige Minuten mit anbraten. Anschließend die Kartoffelwürfel zugeben und mit Kalbsfond sowie entsprechend viel Wasser auffüllen, sodass alle Zutaten gut bedeckt sind. Die Gewürze zugeben und ca. 45 Minuten kochen, bis die Kartoffeln und das Gemüse weich sind.

🥄 Nach Ende der Garzeit die Suppe pürieren, durch ein feines Sieb passieren, Sahne zugeben und noch einmal aufkochen. Mit Salz und Pfeffer abschmecken.

🥄 Für die Garnitur Lauch putzen. Knollensellerie und Karotte putzen, schälen und alles in feine Streifen schneiden. In kochendem Salzwasser bissfest garen und in eiskaltem Wasser abschrecken.

🥄 Vor dem Servieren die Suppe mit einem Pürierstab aufschäumen, auf Tellern verteilen und mit der Gemüsegarnitur sowie dem Forellenkaviar anrichten.

 Otto Koch: „Obwohl die Kartoffelsuppe geradezu nach deftigen Zutaten schreit, ist der frische Forellenkaviar ein wunderschöner und sehr leichter Kontrast."

Lotte Macchiato

Rezept für 4 Personen

Pilzsuppe
2 Schalotten
150 g gemischte Pilze
1 EL Butter
250 ml Gemüsebrühe
    (siehe Seite 170)
250 ml Sahne
Salz, Pfeffer

Fischspieß
4 Stängel Zitronengras
120 g Seeteufelfilet (Lotte)
Salz, Pfeffer
1 EL Mehl
1 EL Olivenöl

Milchschaum
250 ml Milch
Muskatnuss

Garnitur
4 Strohhalme

🐟 Für die Pilzsuppe die Schalotten schälen und fein würfeln, die Pilze putzen und grob hacken. Schalotten in einem Topf mit der Butter anschwitzen, Pilze zugeben und mit anschwitzen. Mit der Gemüsebrühe auffüllen und aufkochen. Dann die Sahne zugießen und ca. 7 Minuten kochen lassen. Anschließend mit einem Pürierstab fein mixen und durch ein feines Sieb passieren. Mit Salz und Pfeffer abschmecken und bis zum Servieren warm halten.

🐟 Für den Spieß vom Zitronengras die äußeren harten Blätter entfernen und von den Stängeln schräg ein Stück abschneiden, sodass eine Spitze entsteht. Das Fischfilet in vier Würfel schneiden, diese mit Salz und Pfeffer würzen und in Mehl wenden. Dann je einen Würfel auf einen Stängel Zitronengras spießen und in einer Pfanne mit Olivenöl von allen Seiten braten.

🐟 Für den Schaum die Milch mit etwas frisch geriebener Muskatnuss würzen, erwärmen und mit einem Pürierstab so lange mixen, bis ein fester Schaum entsteht. Die heiße Suppe in vier Whiskygläser füllen und den Milchschaum darauf geben. Je einen Fischspieß über den Rand der Gläser legen und mit einem Strohhalm servieren.

 Otto Koch: „Ein Wortspiel mit ‚Latté' und ‚Lotte', das neugierig macht und überraschen wird."

Senfsuppe
mit Kalbfleischklößchen

Rezept für 2 Personen

500 ml heller Kalbsfond
    (siehe Seite 172)
350 ml Sahne
3–4 EL mittelscharfer Senf
1 EL scharfer Senf
Salz, Pfeffer
200 g feines Kalbsbrät
1 Laugenstange
1 EL Butterschmalz
3 Stängel Petersilie

🥄 Den Fond mit 250 ml Sahne langsam etwas einkochen lassen. Senf nach Geschmack dazugeben, nochmals etwas kochen und mit Salz und Pfeffer abschmecken.

🥄 Kalbsbrät mit restlicher Sahne mischen und mit einem Teelöffel Nocken abstechen. Diese in nur ganz leicht kochendem Salzwasser ca. 2 Minuten garen.

🥄 Die Laugenstange in dünne Scheiben schneiden und in Butterschmalz von beiden Seiten goldbraun braten. Von der Petersilie die Blätter abzupfen und fein hacken.

🥄 Die Suppe in tiefe Teller geben, die Klößchen einlegen, mit den Laugenscheiben belegen und mit der Petersilie garnieren.

Otto Koch: „Bratwurst mit Senf einfach mal umgekehrt als Suppe. Ganz leicht in der Zubereitung, aber überraschend anders!"

Geflügel-Curry-Suppe

Rezept für 2 Personen

½ Banane
1 Schalotte
1 Knoblauchzehe
1 cm Ingwer (ca. 5 g)
1 EL Butter
1 Hähnchenbrustfilet (ca. 150 g)
Salz, Pfeffer
1 TL Currypulver
2 EL Mangochutney
1 EL Zitronensaft
500 ml heller Geflügelfond
    (siehe Seite 172)
2 EL saure Sahne
50 g gekochter Reis

🐾 Die Banane schälen, längs halbieren und in Scheiben schneiden. Schalotte, Knoblauch und Ingwer schälen, alles fein würfeln. Schalottenwürfel in einem Topf mit Butter anbraten. Die Hähnchenbrust mit Salz und Pfeffer würzen, zugeben und von beiden Seiten kurz braten.

🐾 Dann Knoblauchwürfel, Bananenscheiben, Ingwerwürfel und Currypulver zugeben und mit anrösten. Mangochutney sowie Zitronensaft unterrühren und mit Geflügelfond ablöschen. Alles ca. 15 Minuten köcheln lassen.

🐾 Dann die Hähnchenbrust herausnehmen und den Rest weitere ca. 20 Minuten kochen lassen. Anschließend die Suppe mit dem Pürierstab pürieren, saure Sahne unterrühren und pikant abschmecken.

🐾 Die gebratene Hähnchenbrust würfeln, mit dem Reis als Einlage in die Suppe geben, heiß werden lassen und servieren.

 Otto Koch: „Das Hähnchenbrustfilet bitte nur ganz kurz mitkochen lassen, sonst wird das Fleisch trocken und zäh."

Hähnchen-Gemüse-Eintopf

Rezept für 2 Personen

2 mittelgroße festkochende Kartoffeln
1 Karotte
150 g Knollensellerie
1 Zucchini
8 kleine Champignons
2 Schalotten
2 Hähnchenbrustfilets (à ca. 150 g)
2 Tomaten
500 ml heller Geflügelfond (siehe Seite 172)
2 cm Ingwer (ca. 10 g)
Salz, Pfeffer
2 EL fein gehackte Petersilie
1 EL fein gehacktes Basilikum
1 EL fein gehackter Koriander
1 EL Schnittlauchröllchen

🔥 Kartoffeln, Karotte sowie Sellerie putzen und schälen. Zucchini ebenfalls putzen und alles in Würfel schneiden. Die Champignons putzen und halbieren. Die Schalotten schälen und würfeln. Hähnchenfleisch in Würfel schneiden.

🔥 Die Tomaten zunächst einritzen, mit kochendem Wasser überbrühen, abschrecken und häuten. Anschließend entkernen und würfeln.

🔥 Den Fond mit den Kartoffel-, Karotten- und Selleriewürfeln aufkochen und 10 Minuten köcheln lassen. Dann die Zucchini, die Champignons und die Schalotten zugeben. Weitere 5 Minuten köcheln lassen. Das Fleisch und die Tomaten zugeben und nochmals einige Minuten kochen, bis das Fleisch vollkommen gar ist.

🔥 In der Zwischenzeit den Ingwer schälen, fein reiben, zum Eintopf geben und mit Salz und Pfeffer abschmecken. Erst kurz vor dem Servieren die Kräuter unterrühren.

 Otto Koch: „Leicht, leichter am leichtesten. Ganz wenig Kalorien und trotzdem viel Geschmack!"

Schwammerleintopf
ungarische Art

Rezept für 2 Personen

100 g Champignons
100 g Austernpilze
½ grüne Paprikaschote
½ rote Paprikaschote
2 Tomaten
500 g festkochende Kartoffeln
2 Zwiebeln
5 Knoblauchzehen
2 EL Butterschmalz
1 TL edelsüßes Paprikapulver
1 TL Mehl
500 ml brauner Geflügelfond
    (siehe Seite 173)
    oder Gemüsebrühe
    (siehe Seite 170)
gemahlener Kümmel
Salz, Pfeffer
2 EL saure Sahne
1 EL fein gehackte Petersilie

Die Pilze putzen und klein schneiden, kleine Champignons dabei ganz lassen. Paprikaschoten putzen und fein würfeln. Die Tomaten einritzen, mit kochendem Wasser überbrühen, abschrecken und häuten. Anschließend entkernen und würfeln. Die Kartoffeln schälen und in 1 cm große Würfel schneiden.

Zwiebeln und Knoblauch schälen, beides fein würfeln. In einem Topf mit 1 EL Butterschmalz anschwitzen. Paprikapulver zugeben, mit Mehl bestäuben, gut vermengen und mit Fond oder Brühe auffüllen. Kartoffeln und Kümmel zugeben, mit Salz und Pfeffer würzen, aufkochen und alles 20 Minuten köcheln lassen.

In einer Pfanne die Paprikawürfel und die Pilze im restlichen Butterschmalz anschwitzen. Tomatenwürfel zugeben, gut durchkochen und mit Salz und Pfeffer abschmecken. Alles unter die Kartoffeln mischen, nochmals abschmecken und anrichten. Mit einem Löffel saurer Sahne und der Petersilie servieren.

Otto Koch: „Wenn sie hierbei scharfes Paprikapulver oder getrocknete Peperoncini verwenden, wird es eine ‚feurige' Geschichte."

Weißer Bohneneintopf
mit geräuchertem Aal

Rezept für 2 Personen

200 g getrocknete weiße Bohnen
150 g Tomaten
1 kleine Zwiebel
1 Knoblauchzehe
1 EL Olivenöl
500 ml heller Geflügelfond
   (siehe Seite 172)
1 Zweig Thymian
1 Zweig Rosmarin
Salz, Pfeffer
1 geräuchertes Aalfilet

🐟 Die Bohnen über Nacht in reichlich Wasser einweichen und abtropfen lassen.

🐟 Tomaten einritzen, mit kochendem Wasser überbrühen, abschrecken und häuten. Anschließend entkernen und würfeln. Zwiebel und Knoblauch schälen und fein würfeln. Die Zwiebelwürfel in einem Topf mit Olivenöl anschwitzen, Tomaten und Knoblauch zugeben und kurz mitanschwitzen.

🐟 Dann die eingeweichten Bohnen hinzufügen, mit dem Geflügelfond auffüllen, Thymian und Rosmarin zugeben, aufkochen und abgedeckt bei geringer Hitze ca. 80–90 Minuten kochen, bis die Bohnen weich sind. Nach Ende der Garzeit die Kräuterzweige entfernen und die Bohnensuppe mit Salz und Pfeffer abschmecken.

🐟 Das Aalfilet mit einem scharfen Messer in mundgerechte Stücke schneiden.

🐟 Die Bohnensuppe in großen Suppentellern anrichten und die Aalfiletstücke darauf setzen.

Otto Koch: „Ein deftiges Gericht, das man wunderbar im Winter essen kann. Es eignet sich auch perfekt als kleine Vorspeise."

Kleine Gerichte

Falsche Prinzregententorte

Rezept für 8 Stücke

Füllung
70 g getrocknete Morcheln
400 g Champignons
2 Schalotten
½ Bund glatte Petersilie
1 EL Butterschmalz
Salz, Pfeffer

Crêpes
100 g Mehl
50 g zerlassene Butter
4 Eier
250 ml Milch
1 Prise Salz
Butter zum Ausbacken

Sauce
250 ml brauner Kalbsfond
    (siehe Seite 173)
30 g kalte Butter
1 Spritzer Madeira

Garnitur
8 schöne weiße Champignons
Salz
1 Spritzer Zitronensaft

🥄 Für die Füllung zunächst die getrockneten Morcheln in Wasser einweichen, anschließend abtropfen lassen. Die Champignons putzen, zusammen mit den Morcheln in einem Blitzhacker fein hacken und auf einem Blech ausbreiten. Mindestens 2 Stunden bei Zimmertemperatur stehen lassen, damit die Farbe dunkler wird (keine Zitrone oder andere Säuren verwenden, die Pilzfüllung bleibt sonst zu hell).

🥄 Für die Fertigstellung der Füllung die Schalotten schälen und fein würfeln. Von der Petersilie die Blätter abzupfen und fein hacken. In einer Pfanne die Schalottenwürfel in Butterschmalz anschwitzen, die Pilze zugeben und unter ständigem Rühren garen. Die dabei entstandene Flüssigkeit fast vollständig verdunsten lassen und die Petersilie zugeben. Noch einige Minuten köcheln lassen, mit Salz und Pfeffer abschmecken und warm halten.

🥄 Anschließend die Crêpes zubereiten. Hierfür Mehl, zerlassene Butter, Eier, 125 ml Wasser, Milch und Salz zu einem Teig verrühren. In einer Pfanne mit Butter aus dem Teig nacheinander 8 sehr dünne Crêpes ausbacken und abkühlen lassen. Die Füllung möglichst heiß auf die kalten Crêpes streichen und wie bei einer Torte übereinander schichten. Dann ca. 2 Stunden kalt stellen.

🥄 Für die Sauce den Kalbsfond um die Hälfte einkochen und mit der kalten Butter binden. Mit 1 Spritzer Madeira abschmecken und die Sauce warm halten.

🥄 Für die Garnitur nach Belieben die Champignons mit einem kleinen Küchenmesser in Form schneiden (tournieren). Der Champignon soll dann aussehen wie ein Sahnehäubchen. Anschließend in mit Salz und Zitronensaft gewürztem Wasser kurz abkochen und abtropfen lassen.

🥄 Die Torte in 8 Stücke schneiden und mit Alufolie abgedeckt im vorgeheizten Backofen bei 160 °C Ober- und Unterhitze ca. 10 Minuten erwärmen. Mit der Sauce übergießen und mit den Champignonköpfen garnieren.

Otto Koch: „Mein Klassiker, der immer wieder schmeckt und die Menschen schmunzeln lässt. Nicht ganz einfach in der Herstellung, aber gut vorzubereiten und wirklich der Mühe wert."

Oliven-Weißbrot-Soufflé
mit Champignonsauce

Rezept für 4 Personen

Oliven-Weißbrotsoufflé	*Champignonsauce*
1 kleine Schalotte	1 Schalotte
2–3 Brötchen vom Vortag	200 g weiße Champignons
125 ml warme Milch	1 EL Butter
25 g Bauchspeck	100 ml trockener Weißwein
½ Bund glatte Petersilie	250 ml Sahne
60 g entsteinte schwarze Oliven	Salz, Pfeffer
Butter zum Einfetten	
1 EL Butter	*Garnitur*
1 Eigelb	1 EL Schnittlauchröllchen
Salz, Pfeffer	
1 Eiweiß	

Für das Soufflé zunächst die Schalotte schälen und fein würfeln. Die Brötchen in sehr feine Würfel schneiden, mit Milch übergießen und quellen lassen. Bauchspeck ebenfalls sehr fein würfeln. Von der Petersilie die Blätter abzupfen und fein hacken. Oliven in Scheiben schneiden.

4 Souffléförmchen oder Kaffeetassen mit etwas Butter einfetten. Die Schalottenwürfel und den Speck in Butter anschwitzen, aus der Pfanne nehmen und in einer Schüssel mit Eigelb und eingeweichten Brötchenwürfeln mischen. Petersilie und Olivenscheiben zugeben. Einige Minuten quellen lassen, eventuell noch etwas Milch nachgießen. Aber Vorsicht: Die Masse darf nicht zu flüssig werden, sie muss noch zusammenhalten. Nicht zu oft umrühren, damit der Teig nicht klebrig wird und schön locker bleibt. Mit Salz und Pfeffer würzen. Eiweiß steif schlagen, unterheben und sofort in die Souffléförmchen oder Tassen füllen. In ein heißes Wasserbad stellen und im vorgeheizten Backofen bei 180 °C Ober- und Unterhitze (Umluft ist hierfür übrigens nicht geeignet!) ca. 20 Minuten garen. Während des Backvorgangs die Backofentür nicht öffnen, sonst fallen die Soufflés zusammen.

In der Zwischenzeit die Sauce zubereiten. Hierfür die Schalotte schälen und fein würfeln. Die Champignons putzen und in Scheiben schneiden. Schalottenwürfel in Butter dünsten, die Pilzscheiben zugeben, kurz anschwenken und sofort aus der Pfanne nehmen. Den Bratenansatz mit Weißwein ablöschen, Sahne zugießen und bei starker Hitze um etwa ein Drittel einkochen. Anschließend vom Herd nehmen und mit einem Pürierstab aufschäumen. Mit Salz und Pfeffer abschmecken, durch ein Sieb passieren und die Champignons wieder dazugeben.

Die Soufflés auf Teller stürzen, mit der Pilzsauce umgießen und sofort mit den Schnittlauchröllchen garniert servieren.

 Otto Koch: „Semmelknödel mit Oliven sind ausgesprochen ungewöhnlich, sehr herzhaft und mit der Pilzsauce eine wie es so schön heißt: ‚crossover'-Delikatesse."

Semmelknödelsalat
mit „Schweinsbackerl"

Rezept für 4 Personen

„Schweinsbackerl"
4 ausgelöste Schweinebacken, ohne Schwarte
Salz, Pfeffer
5 Wacholderbeeren
300 g Röstgemüse (z. B. Karotte, Knollensellerie, Lauch)
1 EL Butterschmalz
250 ml Rotwein
250 ml brauner Kalbsfond (siehe Seite 173)

Semmelknödelsalat
3 Stängel Petersilie
¼ Bund Schnittlauch
3 EL Essig
3 EL Pflanzenöl
100 ml Gemüsebrühe (siehe Seite 170)
Salz, Pfeffer
4 Semmelknödel vom Vortag

🥄 Die Schweinebacken mit Salz, Pfeffer und fein gehackten Wacholderbeeren würzen. Das Röstgemüse putzen, gegebenenfalls schälen und grob würfeln. Die Schweinebacken in einem Bräter in Butterschmalz anbraten. Das Gemüse zugeben und mit anbraten. Alles mit Salz und Pfeffer würzen. Mit Rotwein ablöschen und mit Kalbsfond aufgießen. Abgedeckt im vorgeheizten Backofen bei 160 °C Ober- und Unterhitze ca. 90 Minuten schmoren.
🥄 Nach Ende der Garzeit die Schweinebacken herausnehmen und warm halten. Die Sauce passieren, auf die gewünschte Konsistenz einkochen und mit Salz und Pfeffer abschmecken. Bis zum Servieren die Schweinebacken in der Sauce warm halten.
🥄 Für den Semmelknödelsalat von der Petersilie die Blätter abzupfen und fein hacken, Schnittlauch in Röllchen schneiden. Aus Essig, Öl und Brühe eine Vinaigrette herstellen, Kräuter unterrühren, mit Salz und Pfeffer abschmecken. Die Knödel in Scheiben schneiden, auf Tellern anrichten und mit der Vinaigrette beträufeln. Die lauwarmen „Schweinsbackerl" daneben anrichten und mit etwas Sauce umgießen.

Otto Koch: „Das ist wirklich regionale Küche vom Feinsten. Das Gericht ist auch hervorragend für Gäste geeignet, weil es gut vorzubereiten ist und klasse schmeckt."

Frühlingsrollen von Leberwurst
mit Sauerkraut und Kartoffelpüree

Rezept für 2 Personen

Sauerkraut
300 g frisches Sauerkraut
150 ml Gemüsebrühe
    (siehe Seite 170)
50 ml Weißwein
1 Lorbeerblatt
½ TL Pfeffer
70 g geräucherter Bauchspeck
1 kleine Zwiebel
1 kleine Kartoffel
Salz

Kartoffelpüree
400 g mehligkochende Kartoffeln
Salz
150 ml warme Milch
1 EL Butter
Muskatnuss

Frühlingsrollen
5 Schalotten
½ Bund glatte Petersilie
2 EL Butterschmalz
200 g frische Leberwurst
Korianderpulver
Salz, Pfeffer
4 Blätter Frühlingsrollenteig
    (à 10 x 15 cm)
1 Eiweiß
Pflanzenfett zum Frittieren

🥄 Das Sauerkraut mit der Brühe und Weißwein aufkochen. Lorbeerblatt, Pfeffer und Speck zugeben. Zwiebel und Kartoffel schälen, Zwiebel fein hacken und Kartoffel grob reiben. Beides zum Sauerkraut geben und ca. 25 Minuten kochen lassen. Dann den Speck herausnehmen, nach Belieben würfeln und wieder zugeben. Das Sauerkraut mit Salz abschmecken.

🥄 Für das Püree die Kartoffeln schälen, in Salzwasser kochen, abschütten und durch eine Kartoffelpresse drücken oder stampfen. Mit Milch und Butter verrühren. Mit Salz und frisch geriebener Muskatnuss abschmecken.

🥄 Für die Frühlingsrollen die Schalotten schälen und fein würfeln. Von der Petersilie die Blätter abzupfen und fein hacken. Schalottenwürfel in einer Pfanne mit Butterschmalz anschwitzen. Leberwurst zugeben und in der Pfanne zerkleinern. Die Petersilie untermischen und mit Koriander, Salz und Pfeffer abschmecken.

🥄 Die Ränder des Frühlingsrollenteigs mit Eiweiß bestreichen. Etwas Leberwurstmasse darauf streichen, die Seitenränder einklappen und wie eine Frühlingsrolle zusammenrollen. In einem Topf mit heißem Fett die Rollen goldgelb frittieren. Herausnehmen, auf Küchenpapier abtropfen lassen und anrichten. Kartoffelpüree und Sauerkraut dazu reichen.

Otto Koch: „Das ist mal ein neues Gewand für Deftiges und zeigt, wie gut sich klassisch Deutsches mit Asiatischem kombinieren lässt."

Kartoffelgulasch

Rezept für 4 Personen

1 kg festkochende Kartoffeln
500 g Zwiebeln
4 Knoblauchzehen
50 g Butter
50 g Tomatenmark
1 EL rosenscharfes Paprikapulver
200 g gehackte Tomaten (aus der Dose)
250 ml Gemüsebrühe (siehe Seite 170)
1 EL gemahlener Kümmel
Abrieb von ½ unbehandelten Zitrone
Salz, Pfeffer
½ Bund glatte Petersilie
2 EL saure Sahne

Reichen Sie dazu
Weißbrot.

Die Kartoffeln schälen und nicht zu klein würfeln. Zwiebeln und Knoblauch schälen, Zwiebeln in Scheiben und Knoblauch in feine Würfel schneiden. Zwiebeln in Butter anschwitzen, Tomatenmark unterrühren und mit Paprikapulver bestreuen. Gehackte Tomaten untermischen, Gemüsebrühe zugießen und ca. 10 Minuten köcheln lassen.

Danach Kartoffelwürfel zugeben und mit Knoblauch, Kümmel, Zitronenabrieb, Salz und Pfeffer würzen. Das Ganze ca. 25 Minuten weiter köcheln lassen, bis die Kartoffeln gar sind. Nochmals mit Salz und Pfeffer abschmecken. Von der Petersilie die Blätter abzupfen und fein hacken.

Das Kartoffelgulasch in Suppentellern anrichten und mit saurer Sahne sowie Petersilie garniert servieren.

Otto Koch: „Das ist sozusagen ungarisches Gulasch für Vegetarier. Schmeckt übrigens auch Nicht-Vegetariern wie mir, und dass kein Fleisch dabei ist, fällt überhaupt nicht auf ..."

Kartoffel-Karotten-Sticks
mit Honigpesto

Rezept für 2 Personen

Kartoffel-Karotten-Sticks
300 g mehligkochende
   Kartoffeln
Salz
100 g kleine Bundkarotten
Pfeffer
Butterschmalz zum Braten

Pesto
00 g Honig
80 ml Olivenöl
30 g Pinienkerne
30 g frisch geriebener
    Parmesan
1 Bund Basilikum
Salz, Pfeffer

Garnitur
½ Bund glatte Petersilie
Olivenöl zum Frittieren

🐾 Für die Sticks die Kartoffeln mit der Schale in Salzwasser kochen, abschütten, pellen und auskühlen lassen. Karotten putzen, schälen und im Ganzen weich kochen.

🐾 Kartoffeln und Karotten mit einer Röstireibe grob reiben und mit Salz und Pfeffer würzen. Ein Blech mit Folie auslegen, die Röstimasse etwa 2,5 cm dick darauf geben. Mit einer zweiten Folie abdecken und mit einem zweiten Blech festdrücken.

🐾 Dann das obere Blech sowie die Folie entfernen und die Masse auf ein Schneidebrett stürzen. Die verbliebene Folie entfernen und mit einem scharfen Messer 8–10 cm lange und 2 cm breite Sticks aus der Masse schneiden. Diese portionsweise in Butterschmalz von allen Seiten goldbraun braten. Auf Küchenpapier abtropfen lassen, mit Salz würzen und warm halten.

🐾 Für das Pesto Honig, Olivenöl, Pinienkerne und Parmesan in einen Mixer geben. Vom Basilikum die Blätter abzupfen und zugeben. Zu Pesto mixen und mit wenig Salz und Pfeffer abschmecken.

🐾 Von der Petersilie die Blätter abzupfen. Olivenöl in einem kleinen Topf erhitzen, die Petersilienblätter darin frittieren und auf Küchenpapier abtropfen lassen.

🐾 Sticks aufeinander geschichtet auf Tellern anrichten, frittierte Petersilie darauf geben und mit Honigpesto umgießen.

 Otto Koch: „Die Sticks sehen ein bisschen nach Fischstäbchen aus, sie sind aber ein schönes vegetarisches Gericht."

Schafskäse-Tortilla
mit Tomatensauce

Rezept für 2 Personen

Schafskäse-Tortilla
300 g festkochende Kartoffeln
Salz
2 EL Olivenöl
1 Tomate
12 entsteinte schwarze Oliven
120 g griechischer Schafskäse
   (Feta)
100 g gekochter Schinken
5 Eier
Pfeffer

Tomatensauce
2 Tomaten
1 Schalotte
1 Knoblauchzehe
1 EL Olivenöl
100 ml Tomatensaft
Salz, Pfeffer

Garnitur
3 Stängel Petersilie
3 Stängel Basilikum

Dazu passt ein knackiger Salat.

🐾 Für die Tortilla die Kartoffeln mit der Schale in Salzwasser kochen, abschütten, pellen und etwas abkühlen lassen, aber noch warm in Scheiben schneiden. In einer Pfanne mit Olivenöl braten.

🐾 Die Tomate einritzen, mit kochendem Wasser überbrühen, abschrecken und häuten. Anschließend entkernen und in grobe Würfel schneiden. Die Oliven fein hacken. Schafskäse und Schinken würfeln und unter die Kartoffeln rühren. Die Eier in einer Schüssel verquirlen und zusammen mit den Tomatenwürfeln und den Oliven ebenfalls in die Pfanne geben. Mit Salz und Pfeffer würzen und bei mittlerer Hitze stocken lassen.

🐾 Für die Sauce die Tomaten einritzen, mit kochendem Wasser überbrühen, abschrecken und häuten. Anschließend entkernen und in grobe Würfel schneiden. Schalotte und Knoblauch schälen, fein würfeln und im Olivenöl anschwitzen. Die Tomatenwürfel und den Tomatensaft zugeben, ca. 5 Minuten köcheln lassen, mit Salz und Pfeffer abschmecken.

🐾 Von der Petersilie und dem Basilikum die Blätter abzupfen, alles fein hacken.

🐾 Die Tortilla in Stücke schneiden, auf Tellern anrichten, mit der Tomatensauce umgießen und mit den Kräutern garnieren.

 Otto Koch: „Der spanische Klassiker mal in einer griechischen Variante. Schmeckt mindestens genauso gut!"

Gemüsetörtchen
mit Rouille

Dazu passt
knuspriges Baguette.

Rezept für 4 Personen

Gemüsetörtchen
100 g rote Paprikaschote
Olivenöl
150 g festkochende Kartoffeln
Salz
100 g Kohlrabi
100 g Karotte
100 g Zucchini
100 g Aubergine
1 große Tomate
Butter zum Einfetten
Pfeffer

2 EL gehackte Kräuter
   (z. B. Thymian, Basilikum,
   Petersilie, Rosmarin)
60 g frisch geriebener
   Parmesan
etwas Mehl zum Bestäuben

Rouille
4 Knoblauchzehen
1 gekochte Kartoffel
   (siehe links)
1 TL scharfer Senf
1 TL Tomatenmark
ca. 150 ml Olivenöl
Salz, Pfeffer
Cayennepfeffer

🥄 Zunächst die Paprika mit 1 EL Olivenöl bestreichen und im vorgeheizten Backofen bei 160 °C Ober- und Unterhitze ca. 15–20 Minuten weich schmoren. Anschließend häuten, entkernen, flach auslegen und mit einem Ausstecher beliebige Formen für die Garnitur ausstechen. Die restliche Paprika in Streifen schneiden. Die Kartoffeln mit der Schale in Salzwasser kochen, abschütten und pellen. Eine davon für die Rouille beiseitelegen, die restlichen in dünne Scheiben schneiden. Kohlrabi und Karotte putzen, schälen, in dünne Scheiben schneiden und in kochendem Wasser kurz bissfest garen. Zucchini und Aubergine putzen und in dünne Scheiben schneiden. In einer beschichteten Pfanne mit 2 EL Olivenöl von beiden Seiten braten und auf Küchenpapier abtropfen lassen. Die Tomate putzen und in Scheiben schneiden.

🥄 4 kleine Souffléförmchen oder Kaffeetassen gut mit Butter einfetten, das Gemüse und die Kartoffelscheiben in Schichten einlegen. Jede Schicht mit Salz und Pfeffer würzen, mit einigen gehackten Kräutern und etwas Parmesan bestreuen, mit etwas Olivenöl beträufeln und nur ganz leicht mit Mehl bestäuben. Die Törtchen im vorgeheizten Backofen bei 180 °C Ober- und Unterhitze ca. 10–15 Minuten backen.

🥄 Für die Rouille die Knoblauchzehen schälen und grob hacken. Die gekochte Kartoffel durch eine Kartoffelpresse drücken, zusammen mit Knoblauch, Senf und Tomatenmark gut mixen und nach und nach unter Rühren das Olivenöl langsam – wie bei einer Mayonnaise – einfließen lassen. Mit Salz, Pfeffer und Cayennepfeffer schön pikant abschmecken.

🥄 Die Törtchen auf Teller stürzen, mit der Paprika garnieren und die Rouille dazu reichen.

 Otto Koch: „Da sage ich nur: Gemüseauflauf einmal anders!"

Spargel
mit Estragon-Orangen-Sabayon

Rezept für 2 Personen

400 g kleine neue Kartoffeln
Salz
1 TL Kümmelsamen
½ Bund Dill
1 kg weißer Spargel
Zucker
1 TL Butter
1 Bund frischer Estragon
1 Blutorange
3 Eigelb
Pfeffer

🐾 Die Kartoffeln bürsten und kochen, das Wasser mit etwas Salz, Kümmel und Dill würzen, dann abschütten.

🐾 Spargel sorgfältig putzen, schälen und in Salzwasser mit 1 Prise Zucker und Butter ca. 10 Minuten bissfest kochen. Vom Estragon die Blätter abzupfen und fein hacken. Die Blutorange auspressen, mit Eigelben und Estragon auf einem Wasserbad aufschlagen, bis die Sabayon schön schaumig und cremig ist. Dann mit Salz, Pfeffer und etwas Zucker abschmecken.

🐾 Den Spargel auf Tellern anrichten, die Sabayon darauf verteilen und die Kartoffeln dazu servieren.

 Otto Koch: „Das ist ein Gericht für Menschen mit Lust und Neugier auf Neues. Sie werden entdecken, dass diese Sauce wunderbar zum Spargel passt und Ihnen die ‚Sauce Hollandaise' nicht fehlen wird."

Krautstrudel
mit Kartoffelpüree

Rezept für 2 Personen

Krautstrudel
400 g Weißkohl
Salz
1 Zwiebel
50 g Speckwürfel
1 EL Butterschmalz
Pfeffer
1 EL gestoßene Kümmelsamen
1 Packung Strudelteig (ca. 120 g)
50 g zerlassene Butter

Kartoffelpüree
400 g mehligkochende Kartoffeln
Salz
150 ml warme Milch
1 EL Butter
Muskatnuss

Nach Belieben
noch etwas Bratensauce
dazu servieren.

🐾 Für den Strudel den Weißkohl putzen und in sehr feine Streifen schneiden oder hobeln. In kochendem Salzwasser bissfest garen, herausnehmen und abtropfen lassen. Die Zwiebel schälen, halbieren und in Scheiben schneiden. Zusammen mit den Speckwürfeln in Butterschmalz anschwitzen. Weißkohl zugeben und kurz mit anschwitzen. 1 EL Wasser zufügen, mit etwas Salz, Pfeffer sowie Kümmel würzen und abgedeckt einige Minuten kochen lassen. Anschließend etwas abkühlen lassen.

🐾 Die Strudelteigblätter übereinanderlegen, mit etwas zerlassener Butter bestreichen, den Kohl darauf verteilen, aufrollen und die Teigoberfläche ebenfalls mit der restlichen Butter bepinseln. Den Strudel auf ein mit Backpapier ausgelegtes Blech legen und im vorgeheizten Backofen bei 220 °C Ober- und Unterhitze ca. 20 Minuten backen.

🐾 Für das Püree die Kartoffeln schälen, in Salzwasser kochen und abschütten. Durch eine Kartoffelpresse drücken oder stampfen, etwas ausdampfen lassen und mit Milch sowie Butter verrühren. Mit Salz und frisch geriebener Muskatnuss abschmecken.

🐾 Den Strudel in Stücke schneiden und mit dem Kartoffelpüree auf Tellern anrichten.

 Otto Koch: „Eine deftige Strudelvariation, die auch mit jungem Wirsing zubereitet werden kann.“

Gefüllte Kohlrabi
mit Gemüse-Pilz-Ragout

Rezept für 4 Personen

4 Kohlrabi
Salz
1 Karotte
4 kleine neue Kartoffeln
½ rote Paprikaschote
100 g frische oder tiefgekühlte Erbsen
4 mittelgroße Champignons
1 EL Butter
1 TL Mehl
250 ml Gemüsebrühe (siehe Seite 170)
250 ml Sahne
Pfeffer
3 Stängel Petersilie
¼ Bund Schnittlauch
8 Scheiben Weißbrot
3 EL Olivenöl
1 geschälte Knoblauchzehe

🔪 Die Kohlrabi schälen, jeweils einen „Deckel" flach abschneiden und das Innere mit einem großen Kugelausstecher aushöhlen. Vom unteren großen Teil den Boden zuschneiden, sodass die Kohlrabi stehen können. Ausgehöhlte Kohlrabi und „Deckel" in Salzwasser weich kochen.

🔪 Karotte und Kartoffeln putzen, schälen und würfeln. Paprika putzen und zusammen mit den Kohlrabiabschnitten in kleine Würfel schneiden. Diese ebenso wie die Erbsen in kochendem Salzwasser bissfest garen und in eiskaltem Wasser abschrecken.

🔪 Champignons putzen, fein würfeln, in Butter anschwitzen und mit Mehl bestäuben. Mit der Gemüsebrühe auffüllen, glatt rühren und die Sahne zugießen. Einige Minuten köcheln lassen und mit Salz und Pfeffer abschmecken. Das Gemüse darunter mischen und erneut einige Minuten kochen lassen. Vor dem Servieren nochmals abschmecken.

🔪 Von der Petersilie die Blätter abzupfen und fein hacken, Schnittlauch in Röllchen schneiden. Das Weißbrot würfeln und in Olivenöl mit der Knoblauchzehe goldbraun rösten.

🔪 Die Kohlrabi anrichten, mit dem Gemüse-Pilz-Ragout füllen, den „Deckel" auflegen und mit den Kräutern bestreuen. Die gebratenen Weißbrotwürfel darum herum garnieren und sofort servieren.

 Otto Koch: „Die leichte Variation eines Klassikers – der Königinpastetchen."

Sellerieravioli
mit Tomaten-Basilikum-Sauce

Rezept für 2 Personen

Sellerieravioli	*Sauce*
1 Knollensellerie	200 g Tomaten
Saft von ½ Zitrone	1 Schalotte
100 ml Milch	1 EL Olivenöl
Salz	100 ml Gemüsebrühe
200 g Champignons	(siehe Seite 170)
1 Schalotte	Salz, Pfeffer
1 Stängel Petersilie	1 Stängel Basilikum
1 EL Butter	
Pfeffer	
1 Eigelb	

Den Sellerie schälen und im Ganzen in 1 l Wasser, Zitronensaft, Milch sowie 1 Prise Salz weich kochen. In der Zwischenzeit Champignons putzen und fein hacken. Die Schalotte schälen und fein würfeln. Von der Petersilie die Blätter abzupfen und hacken.

Den gekochten Sellerie in sehr dünne Scheiben – so ähnlich wie ein Nudelteig – schneiden. Am besten geht das mit einer Aufschnittmaschine. Die Champignons und die Schalottenwürfel in Butter anschwitzen. Petersilie zugeben, mit Salz und Pfeffer abschmecken.

Die Selleriescheiben gleichmäßig rund ausstechen. Den Rand mit verquirltem Eigelb bepinseln. Jeweils 1 TL Champignonmischung darauf geben, mit einer zweiten Scheibe Sellerie abdecken, die Ränder vorsichtig andrücken und auf ein Backblech legen. Kurz vor dem Servieren im vorgeheizten Backofen bei 180 °C Ober- und Unterhitze ca. 5 Minuten erwärmen.

Für die Sauce die Tomaten einritzen, mit kochendem Wasser überbrühen, abschrecken und häuten. Anschließend entkernen und würfeln. Schalotte schälen, in Würfel schneiden und mit den Tomatenwürfeln in Olivenöl andünsten, mit Gemüsebrühe ablöschen und auf die gewünschte Konsistenz einkochen. Mit Salz und Pfeffer abschmecken. Vom Basilikum die Blätter abzupfen, hacken und vor dem Anrichten zugeben.

Die Sauce flach auf Tellern verteilen, Ravioli darauf anrichten und sofort servieren.

 Otto Koch: „Das Gericht ist etwas aufwendiger in der Zubereitung, aber wenn man den Dreh mit dem Sellerie einmal raus hat, werden sich alle wundern, wie ‚Nudelteig' schmecken kann."

Kakaonudeln mit Gorgonzolasauce
und gratinierter Birne

Rezept für 2 Personen

Nudelteig
200 g Mehl
2 EL Kakaopulver
1 Ei
1 TL Pflanzenöl
Salz
Mehl zum Bearbeiten
1 EL Butter

Sauce
50 g Gorgonzola
150 ml Gemüsebrühe
  (siehe Seite 170)
60 ml Sahne
schwarzer Pfeffer

Birnen
1 Birne mit Stiel
Zucker
1 EL zerlassene Butter
etwas Puderzucker

🥢 Aus Mehl, Kakao, Ei, Öl, 1 Prise Salz und 50 ml Wasser einen Nudelteig kneten, in Frischhaltefolie einschlagen und 1 Stunde ruhen lassen. Anschließend auf einer bemehlten Arbeitsfläche mithilfe einer Nudelmaschine oder einem Nudelholz dünn ausrollen und in 1 cm breite Nudeln schneiden. Diese in kochendem Salzwasser bissfest kochen, abschütten und abschrecken. Vor dem Servieren die Nudeln in einer Pfanne in Butter schwenken und auf Tellern anrichten.

🥢 Für die Sauce den Gorgonzola würfeln. Brühe und Sahne in einen Topf geben und aufkochen. Käsewürfel zugeben und schmelzen lassen. Die Sauce glatt rühren und mit frisch gemahlenem schwarzen Pfeffer abschmecken.

🥢 Die Birne schälen, halbieren – dabei sollte der Stiel nicht entfernt werden –, Kerngehäuse entfernen und in einem Topf mit Zuckerwasser bissfest garen. Herausnehmen und gut abtropfen lassen. Die Birnenhälften fächerförmig einschneiden und auf ein mit Backpapier ausgelegtes Blech legen. Mit zerlassener Butter bepinseln und mit Puderzucker bestreuen. Unter dem vorgeheizten Backofengrill oder der Oberhitze bei 250 °C den Zucker auf den Birnenhälften goldbraun schmelzen lassen.

🥢 Die Sauce halb über die Nudeln gießen und die Birnenhälften dazu servieren.

 Otto Koch: „Mal ein ganz anderes, sehr kreatives Gericht ohne Fleisch. Schön ist der Kontrast zwischen Süßem und Pikantem.“

Pasta & Risotto

Gemüse-Pilz-Risotto

1 Artischocke
Saft von ½ Zitrone
100 g Pilze (z. B. Pfifferlinge)
100 g grüner Spargel
3 Stängel glatte Petersilie
1 Zwiebel
2 EL Butter
200 g Risottoreis (z. B. Arborio)
500 ml Gemüsebrühe (siehe Seite 170)
2 EL Olivenöl
Salz
50 g frisch geriebener Parmesan
50 ml Sahne
Pfeffer

Von der Artischocke den Stiel und das obere Drittel abschneiden. Die äußeren harten Blätter entfernen und die strohigen Blütenfäden herauszupfen. Mit Zitronensaft beträufeln, damit sie nicht braun wird, und würfeln. Pilze putzen und klein schneiden. Vom grünen Spargel eventuell die holzigen Enden abschneiden und ebenfalls in Stücke schneiden.

Von der Petersilie die Blätter abzupfen und fein hacken. Zwiebel schälen, in feine Würfel schneiden und in einem Topf mit Butter anschwitzen. Risottoreis zugeben und unter ständigem Rühren glasig anschwitzen. Anschließend etwas Brühe zugießen und so lange rühren, bis diese vom Reis aufgenommen worden ist.

Dann wieder mit etwas Brühe auffüllen. Artischocken, Pilze und Spargel in einer Pfanne mit Olivenöl anschwitzen und leicht salzen.

Nach ca. 15–18 Minuten Garzeit, wenn der Reis bissfest ist, Parmesan sowie Sahne unterrühren und den Risotto mit Salz und Pfeffer abschmecken. Das Gemüse und die Petersilie untermischen und sofort servieren.

 Otto Koch: „Beim Risotto immer dran denken: Sobald er fertig ist, muss er auch sofort serviert werden!"

Rotweinrisotto
mit Artischocken

Rezept für 2 Personen

1 Zwiebel
150 g Risottoreis (z. B. Arborio)
3 EL Olivenöl
100 ml trockener Rotwein
300 ml brauner Kalbsfond
    (siehe Seite 173)
30 g frisch geriebener Parmesan
Salz, Pfeffer
2 EL Butter
1 Zitrone
2–4 Artischocken (je nach Größe)
1 EL fein gehackte Petersilie

🥄 Die Zwiebel schälen, fein würfeln und mit dem Reis in 1 EL Olivenöl anschwitzen, bis der Reis glasig ist. Mit etwas Rotwein und etwas Fond aufgießen und unter ständigem Rühren ca. 15–18 Minuten köcheln lassen. Wenn der Risotto zu dick wird, nach und nach Rotwein sowie Fond zugießen.

🥄 Gegen Ende der Kochzeit, wenn der Reis bissfest ist, den Parmesan zugeben. Mit Salz und Pfeffer abschmecken und die Butter unterrühren. Der Risotto sollte noch leicht flüssig sein.

🥄 In der Zwischenzeit die Zitrone auspressen. Von den Artischocken die Stiele und das obere Drittel abschneiden. Die äußeren harten Blätter entfernen, die strohigen Blütenfäden herauszupfen und mit Zitronensaft beträufeln, damit sie nicht braun werden. Kurz vor dem Servieren die Artischocken in dünne Scheiben schneiden und in einer Pfanne mit dem restlichen Olivenöl braten. Salzen und pfeffern.

🥄 Die Artischocken über den Risotto geben und mit Petersilie bestreut servieren.

Otto Koch: „Allein durch den Rotwein verwandelt sich dieser Risotto in etwas völlig Neues und die gebratenen Artischocken geben einem das Gefühl, man sei in der Toskana."

Risotto vom schwarzen Reis
mit Kaninchenspießen

Rezept für 2 Personen

Finger-Möhren
4 Finger-Möhren
Salz
1 EL Butter
Zucker

Risotto
1 Zwiebel
1 EL Olivenöl
200 g schwarzer Reis (Venere-Reis)
250 ml heller Geflügelfond
    (siehe Seite 172)
250 ml trockener Rotwein
50 g frisch geriebener Parmesan
Salz, Pfeffer

Kaninchen
4 Kaninchenfilets
Salz, Pfeffer
2 EL Olivenöl

🐾 Für den Risotto die Finger-Möhren putzen, dabei etwas Grün erhalten und in kochendem Salzwasser bissfest garen. Kurz vor dem Servieren die Möhren in einer Pfanne in Butter schwenken, mit Salz und Zucker würzen.

🐾 Die Zwiebel schälen, fein würfeln und in dem Olivenöl anschwitzen. Den Reis zugeben und mit Geflügelfond aufgießen. Ständig umrühren, damit der Reis nicht am Boden anklebt. Nach und nach Rotwein zugießen. Kurz vor Ende der Garzeit (ca. 40 Minuten) den Parmesan untermischen. Risotto mit Salz und Pfeffer abschmecken.

🐾 Die Kaninchenfilets mit Salz und Pfeffer würzen, aufrollen und auf 4 kurze Holzspieße stecken. In einer Pfanne mit Olivenöl die Fleischspieße rundum braten.

🐾 Risotto in tiefen Tellern anrichten, je 2 Spieße darauf legen und mit den glasierten Finger-Möhren garnieren.

Otto Koch: „Ursprünglich für den kaiserlichen Hof in China reserviert, gibt es diesen wunderbaren und geschmacksintensiven Reis seit 1997 nachgezüchtet aus Italien. Mein Lieblingsreis!"

Risotto
mit Rosenkohlspieß

Rezept für 4 Personen

Rosenkohlspieß
300 g Rosenkohl
500 ml Gemüsebrühe
    (siehe Seite 170)
100 g Champignons
1 EL Butter

Risotto
1 Zwiebel
200 g Risottoreis (z. B. Arborio)
1 EL Olivenöl
ca. 350 ml heller Kalbsfond
    (siehe Seite 172)
80 ml trockener Weißwein
2 EL frisch geriebener Parmesan
2 EL Butter
Salz, Pfeffer

Garnitur
50 g getrocknete Tomaten,
    in Öl eingelegt
1 EL fein gehackte Petersilie

🐾 Für den Spieß den Rosenkohl putzen, den Strunk kreuzweise einschneiden und in der Gemüsebrühe bissfest garen. Champignons ebenfalls putzen, in Scheiben schneiden und mit dem gekochten Rosenkohl abwechselnd auf Holzspieße stecken. Kurz vor dem Servieren rundum in Butter braten, bis sie Farbe genommen haben.

🐾 Für den Risotto die Zwiebel schälen, fein würfeln und zusammen mit dem Reis in einem Topf mit dem Olivenöl anschwitzen, bis der Reis glasig ist. Etwas Fond aufgießen und unter ständigem Rühren ca. 15–18 Minuten köcheln lassen, dabei immer wieder mit Fond auffüllen. Wenn der Reis bissfest ist, den Weißwein und den Parmesan zugeben. Zuletzt die Butter unterrühren und mit Salz und Pfeffer abschmecken. Der Risotto sollte noch leicht flüssig sein.

🐾 Die eingelegten Tomaten abtropfen lassen und fein schneiden.

🐾 Zum Anrichten Risotto in Tellern verteilen, Spieße darauf anrichten und mit gehackter Petersilie und den Tomaten garnieren.

 Otto Koch: „Statt mit Rosenkohl lassen sich die Spießchen auch wunderbar mit gemischten Pilzen oder Geflügelleber zubereiten."

Grünkernrisotto
mit Geflügelspießen

Rezept für 2 Personen

Grünkernrisotto
250 g Grünkern
1 kleine Zwiebel
1 Stängel Petersilie
2 EL Olivenöl
250 ml heller Geflügelfond
  (siehe Seite 172)
100 ml trockener Weißwein
1 EL frisch geriebener Parmesan
Salz, Pfeffer

Geflügelspieß
1 Knoblauchzehe
3 EL Olivenöl
1 Zweig Thymian
Salz, Pfeffer
200 g Hähnchenbrustfilet
1 rote Paprikaschote

Garnitur
1 TL Thymianblättchen

🐾 Den Grünkern ca. 2 Stunden in reichlich Wasser einweichen.

🐾 In der Zwischenzeit die Geflügelspieße zubereiten. Hierfür die Knoblauchzehe schälen, fein hacken und mit dem Olivenöl vermischen, Thymian zugeben und Salz und Pfeffer darüber streuen. Das Hähnchenbrustfilet in 3 cm große Würfel schneiden, in die Marinade legen und abgedeckt ca. 30 Minuten kalt gestellt marinieren.

🐾 Nach der Einweichzeit den Grünkern abschütten. Zwiebel schälen und fein hacken. Von der Petersilie die Blätter abzupfen und ebenfalls fein hacken. Das Olivenöl erhitzen und die Zwiebelwürfel darin anschwitzen. Grünkern zugeben und mit Fond und Weißwein auffüllen. Nach ca. 30–35 Minuten, wenn der Grünkern weich ist, den Parmesan unterrühren. Mit Salz und Pfeffer abschmecken und bis zum Servieren warm halten.

🐾 Paprika putzen und in ca. 3 cm große Stücke schneiden. Kurz vor dem Servieren die Fleischstücke aus der Marinade nehmen, etwas abtropfen lassen und abwechselnd mit den Paprikastücken auf zwei Holzspieße stecken. In einer Pfanne rundherum gut braten. Nochmals mit Salz und Pfeffer würzen.

🐾 Den Grünkernrisotto auf Tellern anrichten, mit Petersilie bestreuen und darauf jeweils einen Geflügelspieß legen. Mit Thymianblättchen garnieren.

Otto Koch: „Leider fast in Vergessenheit geraten, dabei ist der wirklich geschmackvolle Grünkern es wert damit zu experimentieren."

Farfalle
mit Gemüsebolognese

Rezept für 2 Personen

200 g Farfalle
Salz
30 g Butter
100 g Karotte
50 g Knollensellerie
50 g Petersilienwurzel
50 g Zwiebel
50 g Lauch
2 EL Olivenöl
1 TL Mehl
100 ml Rotwein
100 ml Tomatensaft
Pfeffer
1 EL fein gehackte Petersilie
1 EL fein gehacktes Basilikum
50 g Parmesan

Die Farfalle nach Packungsanweisung bissfest kochen und abschütten. Kurz vor dem Anrichten in Butter schwenken und salzen.

Karotte, Sellerie, Petersilienwurzel und Zwiebel putzen und schälen. Lauch putzen und alles in sehr feine Würfel schneiden. Zwiebelwürfel in einem Topf mit Olivenöl anschwitzen. Die Gemüsewürfel zugeben, kurz mit anschwitzen und mit Mehl bestäuben. Gut durchrühren und mit dem Rotwein ablöschen, mit Tomatensaft aufgießen und alles ca. 5 Minuten kochen lassen. Mit Salz und Pfeffer abschmecken und die Kräuter untermischen.

Die Farfalle mit der Sauce anrichten, Parmesan frisch darüber hobeln und servieren.

 Otto Koch: „Frisches Gemüse macht diese Bolognese zu einem vegetarischen Highlight! Übrigens: Wenn sie die Sauce ohne Rotwein zubereiten möchten, verdoppeln sie einfach die Menge des Tomatensafts."

Spaghetti
mit Scampi-Bolognese

Rezept für 2 Personen

250 g große, frische Scampi
30 g Butter
125 ml trockener Weißwein
100 g Tomaten
1 Schalotte
1 Knoblauchzehe
1 EL Olivenöl
1 Zweig Thymian
1 Zweig Rosmarin
Salz, Pfeffer
300 g Spaghetti
50 g Parmesan
2 Basilikumspitzen

Die Scampi schälen, Köpfe entfernen und die Schalen in einem Topf mit Butter braten. Mit Weißwein ablöschen, abgedeckt einige Minuten bei sanfter Hitze ziehen lassen und anschließend passieren.

Die Scampischwänze mit einem kleinen Messer an der Mitte des Rückens vorsichtig aufschneiden, den Darm entfernen und in kleine Stücke schneiden. Tomaten zunächst einritzen, mit kochendem Wasser überbrühen, abschrecken und häuten. Anschließend entkernen und fein würfeln.

Schalotte und Knoblauch schälen, fein würfeln und in einer Pfanne mit Olivenöl anschwitzen. Scampi, Thymian- und Rosmarinzweig zugeben und alles kurz mitbraten. Dann die Tomatenwürfel zugeben und gut durchschwenken. Mit dem Schalensud aufgießen und alles gut miteinander verrühren. Die Kräuterzweige herausnehmen und mit Salz und Pfeffer abschmecken.

Die Spaghetti nach Packungsanweisung bissfest kochen und abschütten. Die heißen Spaghetti in tiefen Tellern anrichten und die Scampi-Bolognese darüber geben. Parmesan frisch darüber hobeln und mit Basilikum garniert servieren.

 Otto Koch: „Bolognese ‚hoch zwei' ist: Scampi-Bolognese."

Ricotta-Cannelloni

Rezept für 2 Personen

200 g Ricotta
6 Lasagneblätter
Salz
2 Fleischtomaten
3 Stängel Basilikum
3 Stängel Petersilie
½ Bund Schnittlauch
2 Schalotten
2 Knoblauchzehen
1 EL Olivenöl
Pfeffer
2 Eigelb
Butter zum Einfetten
60 g Parmesan

🐾 Den Ricotta abtropfen lassen. Die Lasagneblätter kurz in kochendem Salzwasser vorkochen (sie sollten nicht zu weich sein), kalt abschrecken und abtropfen lassen.

🐾 Tomaten zunächst einritzen, mit kochendem Wasser überbrühen, abschrecken und häuten. Anschließend entkernen und fein würfeln. Vom Basilikum und der Petersilie die Blätter abzupfen, beides fein hacken und Schnittlauch in feine Röllchen schneiden. Die Schalotten schälen und fein würfeln. Knoblauchzehen ebenfalls schälen, eine etwas andrücken und die andere fein würfeln. Die ganze Zehe mit den Schalotten in Olivenöl anschwitzen. Tomatenwürfel zugeben und einige Minuten kochen lassen, mit Salz und Pfeffer abschmecken. Die Knoblauchzehe entfernen.

🐾 Ricotta mit Eigelben, Kräutern und den Knoblauchwürfeln mischen. Mit Salz und Pfeffer würzen. Die Lasagneblätter mit der Ricottamasse bestreichen und einrollen.

🐾 Die so entstandenen Cannelloni in eine gefettete Auflaufform legen, Tomatensauce darüber verteilen und mit frisch geriebenem Parmesan bestreuen. Im vorgeheizten Backofen bei 180 °C Ober- und Unterhitze ca. 20 Minuten goldgelb überbacken. Auf Tellern anrichten und sofort servieren.

Otto Koch: „Für das Gericht können sie auch Cannelloni statt Lasagneblätter verwenden. Diese sollten sie nach dem Vorkochen mit der Ricottamasse füllen."

Makkaroni-Timbale
mit Tomatensauce

Rezept für 2 Personen

Tomatensauce
4 Tomaton
1 Zwiebel
1 Scheibe geräucherter Speck
1 EL Olivenöl
1 TL Mehl
250 ml Gemüsebrühe (siehe Seite 170)
Salz, Pfeffer
1 Zweig Rosmarin
1 Zweig Thymian

Timbale
100 g Makkaroni
Butter zum Einfetten
2 Scheiben Salami
4 Eier
Salz

Garnitur
2 Blatt glatte Petersilie

🥄 Für die Sauce zunächst die Tomaten einritzen, mit kochendem Wasser überbrühen, abschrecken und häuten. Anschließend entkernen und fein würfeln. Die Zwiebel schälen und zusammen mit dem Speck in feine Würfel schneiden. Zwiebel- und Speckwürfel in einem Topf mit Olivenöl anschwitzen und die Tomatenstücke zugeben. Alles mit dem Mehl bestäuben, kurz durchrühren und mit der Gemüsebrühe auffüllen. Mit Salz und Pfeffer würzen, die Kräuterzweige zugeben und ca. 20 Minuten köcheln lassen. Dann durch ein feines Sieb passieren, nochmals abschmecken und bis zum Servieren warm halten.

🥄 Für die Timbale die Makkaroni nach Packungsanweisung bissfest kochen. 2 Timbalformen oder Kaffeetassen mit Butter einfetten und in den Boden je eine Scheibe Salami legen. Die Makkaroni spiralförmig an der Wand der Timbale auslegen. In jede Form vorsichtig je 2 verquirlte mit Salz gewürzte Eier einfüllen, abdecken und im Wasserbad 8–10 Minuten garen. Achtung: Das Wasser darf nicht kochen!

🥄 Die Makkaroni-Timbale auf Teller stürzen und mit der Tomatensauce umgießen. Mit einem großen Blatt Petersilie garnieren.

 Otto Koch: „schön vorzubereiten und dazu noch preiswert.“

Rosarote Raviolibrille

Rezept für 2 Personen

Nudelteig
150 g Mehl
50 g Hartweizengrieß
2 Eier
1 EL Olivenöl
50 ml Rote-Bete-Saft
Mehl zum Bearbeiten
1 Eigelb

Füllung
400 g frischer Spinat
Salz
1 Schalotte
1 EL Olivenöl
Pfeffer

Sauce
200 ml Gemüsebrühe
    (siehe Seite 170)
200 ml Milch
100 g Ricotta
Salz, Pfeffer

Rahmspinat
gegarter Spinat
    (siehe Füllung)
50 ml Sahne
Salz, Pfeffer
Muskatnuss

🐾 Mehl, Grieß, Eier, Olivenöl sowie Rote-Bete-Saft zu einem festen Nudelteig kneten, in Frischhaltefolie einschlagen und 1 Stunde ruhen lassen. Anschließend auf einer bemehlten Arbeitsfläche mithilfe einer Nudelmaschine oder einem Nudelholz dünn ausrollen und runde Scheiben (ca. 8 cm Durchmesser) ausstechen.

🐾 Für die Füllung den Spinat putzen, dabei die harten Stiele entfernen, in kochendem Salzwasser garen, in eiskaltem Wasser abschrecken, abtropfen lassen und fein schneiden. Schalotte schälen, fein würfeln und in Olivenöl anschwitzen. Die Hälfte des Spinats mit Salz und Pfeffer abschmecken und mit den angeschwitzten Schalottenwürfeln vermischen. Den Rest für den Rahmspinat beiseitestellen.

🐾 Von dieser Masse jeweils einen Löffel in die Mitte der Teigscheiben geben und den Rand mit etwas Eigelb bepinseln. Dann zusammenklappen, sodass eine halbkreisförmige Teigtasche entsteht. In reichlich siedendem Salzwasser ca. 2 Minuten gar ziehen lassen.

🐾 Für die Sauce Gemüsebrühe mit Milch um ein Drittel einkochen. Ricotta in kleinen Mengen mit dem Schneebesen unterrühren. Mit Salz und Pfeffer abschmecken. Zum Schluss mit einem Pürierstab nochmals aufmixen.

🐾 Für den Rahmspinat den restlichen Spinat in einem Topf mit Sahne erwärmen und mit Salz, Pfeffer und frisch geriebener Muskatnuss abschmecken.

🐾 Mit dem Rahmspinat eine Linie im oberen Drittel des Tellers ziehen, ähnlich einem Brillengestell. Darunter mit zwei rosaroten Ravioli „Brillengläser" anrichten und mit der Sauce umgießen.

 Otto Koch: „Für den Valentinstag oder für Verliebte ein Gericht, das sie nicht zu erklären brauchen."

Fisch & Meeresfrüchte

Matjestatar
auf Rote-Bete-Carpaccio

Rezept für 2 Personen

Rote-Bete-Carpaccio
1–2 Knollen Rote Bete
Salz
2 EL Olivenöl
1 TL Zitronensaft
Pfeffer

Matjestatar
1 kleine rote Zwiebel
1 Apfel
1 EL Kapern
4 frische Matjesfilets
Salz, Pfeffer
2 EL Olivenöl
2 TL Zitronensaft
2 Dillspitzen

Milchschaum
50 ml lauwarme Milch
1 Msp. Sahnemeerrettich

🐟 Die Rote Bete mit der Schale in Salzwasser weich kochen. Etwas auskühlen lassen, schälen, in sehr dünne Scheiben schneiden und zwei Teller damit auslegen. Olivenöl, Zitronensaft, Salz sowie Pfeffer gut verrühren und darüber träufeln.

🐟 Für das Tatar die Zwiebel schälen und sehr fein würfeln. Apfel waschen, vierteln, das Kerngehäuse entfernen und in sehr feine Würfel schneiden. Die Kapern fein hacken und die Matjesfilets sehr fein schneiden. Alle klein geschnittenen Zutaten mischen und mit Salz, Pfeffer, Olivenöl und Zitronensaft abschmecken.

🐟 In die Mitte des Carpaccios einen runden Ausstecher stellen. Diesen mit dem Matjestatar füllen, leicht andrücken, dann den Ausstecher vorsichtig abziehen. Jeweils mit Dillspitzen garnieren.

🐟 Die Milch mit dem Sahnemeerrettich aufschäumen und die Rote Bete damit beträufeln.

 Otto Koch: „Bei der Zubereitung von Roter Bete empfehle ich, Handschuhe zu tragen, da sie sehr stark färbt und man die Hände so schlecht wieder sauber bekommt."

Forellenfilet
mit Zitrone und Kapern

Rezept für 2 Personen

300 g kleine festkochende Kartoffeln
Salz
1 Forelle (ca. 400–500 g)
Pfeffer
6 EL Butter
1 Zitrone
3 EL Kapern
2 EL fein gehackte Petersilie

🔪 Die Kartoffeln schälen, in Salzwasser kochen und abschütten.

🔪 Die Forelle filetieren, entgräten und die Haut abziehen. Filets mit Salz und Pfeffer würzen, in einer Pfanne in 2 EL Butter braten und warm halten.

🔪 Die Zitrone samt der weißen Haut schälen und die Filets aus den Trennhäuten lösen, diese mit den Kapern und mit 2 EL Butter in der Pfanne anschwitzen. Die Kartoffeln kurz in der restlichen Butter schwenken und salzen.

🔪 Die Forellenfilets auf Tellern anrichten und mit der Zitronen-Kapernbutter übergießen. Die Kartoffeln anlegen und mit der Petersilie bestreuen.

 Otto Koch: „Ein leichtes, erfrischendes Gericht, das sie sehr schön alternativ mit Zander oder Saibling zubereiten können."

Saibling
mit Wurzelgemüse in Pergament

Rezept für 2 Personen

2 Saiblinge (à ca. 250 g) oder 4 Saiblingfilets
50 g Knollensellerie
30 g Karotte
30 g Lauch
50 g Champignons
1 EL Zitronensaft
2 Fleischtomaten
6 Basilikumblätter
Salz, Pfeffer

🔪 Die Saiblinge filetieren und entgräten.

🔪 Sellerie und Karotte putzen und schälen. Lauch und Champignons putzen und alles in feine Streifen schneiden. Die Selleriestreifen mit Zitronensaft beträufeln, damit sie schön weiß bleiben. Tomaten einritzen, mit kochendem Wasser überbrühen, abschrecken und häuten. Anschließend entkernen und würfeln. Basilikumblätter in Streifen schneiden, mit den Gemüsestreifen sowie Tomatenwürfeln locker vermischen, salzen und pfeffern.

🔪 Fischfilets mit Salz und Pfeffer würzen. Zwei große Bögen Pergamentpapier in der Mitte knicken. Auf je eine Hälfte des Papiers etwas Gemüse geben, darauf 2 Fischfilets legen und diese mit dem restlichen Gemüse bedecken. Mit Salz und Pfeffer würzen. Die andere Papierhälfte darüber klappen und zusammenfalten, sodass die Fischfilets fest umschlossen sind. Die Fischpäckchen so im vorgeheizten Backofen bei 180 °C Ober- und Unterhitze ca. 10–15 Minuten garen. Dabei sollte sich das Pergamentpapier schön aufblähen.

🔪 Zum Anrichten das Pergamentpapier aufschneiden und den Fisch mit dem Gemüse und dem entstandenen Fond anrichten.

 Otto Koch: „Wenn dieses Gericht richtig heiß am Tisch serviert wird und das Papier dort aufgeschnitten wird, entfaltet sich der ganze Duft des Gemüses und des Basilikums. Nicht nur, dass es so gut schmeckt, es gibt auch kaum ein Gericht mit weniger Kalorien."

Zucchini
an Lachs gefesselt

Rezept für 2 Personen

1 Tomate
2 mittelgroße Zucchini
Salz
1 großes Lauchblatt
2 Lachsfilets (à ca. 150 g)
Butter zum Einfetten
250 ml Fischfond (siehe Seite 171)
1 fein gewürfelte Schalotte
1 EL Butter
je 1 EL fein gehacktes Basilikum,
    Petersilie, Kerbel
Pfeffer

🖌 Zunächst die Tomate einritzen, mit kochendem Wasser überbrühen, abschrecken und häuten. Anschließend entkernen und würfeln.

🖌 Vom oberen Drittel der Zucchini einen kleinen Bogen zum unteren Drittel der Zucchini ausschneiden. Dann zwischen Anschnitt und Ende erneut einen Bogen zum anderen Ende herausschneiden, sodass die Form eines Schiffchens entsteht. Am Boden der Zucchini dann jeweils eine Scheibe abschneiden, damit sie auf den Tellern stehen können. Die „Schiffchen" in kochendem Salzwasser ca. 3 Minuten bissfest garen und in eiskaltem Wasser abschrecken. Restliche Zucchiniabschnitte klein würfeln.

🖌 Das Lauchblatt längs in ca. 5 mm breite Streifen schneiden, in kochendem Salzwasser garen und in eiskaltem Wasser abschrecken.

🖌 Den Lachs so zuschneiden, dass er auf die Zucchinischiffchen passt und mit je zwei Lauchstreifen festbinden. In einen gebutterten Topf geben, die Hälfte des Fischfonds angießen und abgedeckt ca. 10 Minuten leicht dämpfen.

🖌 In der Zwischenzeit die Zucchini- zusammen mit den Schalottenwürfeln mit Butter in einer Pfanne anschwitzen. Mit dem restlichen Fischfond aufgießen und kurz köcheln lassen. Dann gewürfelte Tomaten sowie Kräuter untermischen und mit Salz und Pfeffer abschmecken.

🖌 Die Lachs-Zucchini-Schiffchen mit der Gemüsesauce auf Tellern anrichten.

 Otto Koch: „Zucchini und Lachs gehören zwar nicht zwingend zusammen, aber in dieser Konstellation ist die ‚Fesselung' auch optisch etwas ganz Besonderes."

Lachs-Spinatflan
mit Weißweinsauce

Rezept für 2 Personen

Lachs-Spinatflan
250 g frischer Spinat
Salz
250 g Lachsfilet ohne Haut
Butter zum Einfetten
Pfeffer

Weißweinsauce
1 Schalotte
1 EL Butter
100 ml trockener Weißwein
100 ml Fischfond (siehe Seite 171)
125 ml Sahne
Salz, Pfeffer

🐟 Für den Flan den Spinat putzen, dabei die Stiele entfernen, in kochendem Salzwasser garen, in eiskaltem Wasser abschrecken und gut trocken tupfen.

🐟 Das Lachsfilet in dünne Scheiben schneiden.

🐟 Zwei Souffléförmchen oder Kaffeetassen mit Butter einfetten, Spinat und Lachs schichtweise einlegen, die Schichten immer wieder mit 1 Prise Salz und Pfeffer würzen. In einem Topf Wasser erhitzen, die Förmchen in das heiße Wasserbad stellen und bei geringer Hitze ca. 15 Minuten garen.

🐟 In der Zwischenzeit für die Sauce die Schalotte schälen, klein schneiden und in einem Topf mit Butter anschwitzen. Mit Weißwein und Fischfond auffüllen und um die Hälfte einkochen. Zum Schluss Sahne unterrühren, mit einem Pürierstab gut aufmixen, mit Salz und Pfeffer abschmecken.

🐟 Die Lachs-Spinatflans aus den Förmchen auf Teller stürzen, anrichten und mit der Sauce umgießen.

 Otto Koch: „Mir schmecken zu diesen Flans am besten Salzkartoffeln. Ansonsten ist es hier ganz wichtig, dass der Fisch nicht zu lange oder zu heiß gegart wird. Sonst wird er zu trocken und die Flans schmecken dann einfach nicht mehr so gut."

Seeteufelragout
in Rotwein

Rezept für 2 Personen

Kartoffeln
8 kleine festkochende Kartoffeln
Salz
3 Stängel Petersilie
2 EL Butter

Gemüse
1 Karotte
¼ Knollensellerie
20 Perlzwiebeln
Salz

Seeteufel mit Sauce
1 Seeteufel (ca. 500 g)
Salz, Pfeffer
400 ml Rotwein (z. B. Rioja)
200 ml Fischfond
   (siehe Seite 171)
30 g kalte Butter
gegartes Gemüse (siehe oben)

🔪 Die Kartoffeln schälen, in Salzwasser kochen und abschütten. Von der Petersilie die Blätter abzupfen und fein hacken. Kurz vor dem Servieren Kartoffeln in Butter schwenken, salzen und mit Petersilie bestreuen.

🔪 Karotte und Sellerie putzen, schälen und in gleichgroße Stifte schneiden. Perlzwiebeln schälen. Gemüse und Perlzwiebeln in kochendem Salzwasser bissfest garen und in eiskaltem Wasser abschrecken.

🔪 Den Seeteufel filetieren und mit Salz und Pfeffer würzen. Die Filets in 6 cm große Würfel schneiden. Die restlichen Fischabschnitte – nicht die Würfel – mit Rotwein und Fischfond aufkochen, um die Hälfte einkochen und passieren.

🔪 Seeteufelwürfel in den kochenden Rotweinfond legen. Einmal aufkochen, den Topf sofort vom Herd nehmen und die Fischwürfel ca. 3 Minuten darin ziehen lassen.

🔪 Rotweinfond abgießen, dabei den Fond auffangen und die Fischwürfel warm stellen. Den Rotweinfond mit kalter Butter binden und die Sauce mit Salz und Pfeffer abschmecken. Das gegarte Gemüse sowie die Perlzwiebeln untermischen.

🔪 Die mit dem Gemüse gemischte Sauce in Suppentellern anrichten, die Fischwürfel zugeben und die Salzkartoffeln anlegen.

 Otto Koch: „Der Seeteufel sollte so frisch wie möglich sein. Sehr kurz gebraten ist er eine absolute Delikatesse.“

Zandergulasch
mit Blumenkohl-Couscous

Rezept für 2 Personen

Zandergulasch
400 g Zanderfilet (nicht zu dünn)
1 Schalotte
250 ml trockener Weißwein
Salz, Pfeffer

Sauce
2 rote Paprikaschoten
Salz
100 g Tomaten
2 Schalotten
1 Knoblauchzehe
1 EL Butter
1 TL rosenscharfes
    Paprikapulver
Fischsud (siehe Zandergulasch)
1 TL kalte Butter
Pfeffer
1 Prise gemahlener Kümmel

Blumenkohl-Couscous
250 g Blumenkohl
1 Msp. Safranfäden
2 EL Butter
100 ml Gemüsebrühe
    (siehe Seite 170)
Salz, Pfeffer

Garnitur
1 EL gehackte Petersilie

🔪 Den Zander in gulaschgroße Würfel schneiden. Die Schalotte schälen und fein würfeln. Den Weißwein mit den Schalottenwürfeln in einen Topf geben, aufkochen und mit Salz und Pfeffer würzen. Die Fischstücke nur ganz kurz in dem Sud aufkochen lassen, die Hitze sofort reduzieren und 2 Minuten ziehen lassen. Danach herausnehmen, abdecken und warm stellen. Den Sud bis zur weiteren Verwendung beiseitestellen.

🔪 Für die Sauce die Paprikaschoten putzen und in Salzwasser garen. Die Tomaten zunächst einritzen, mit kochendem Wasser überbrühen, abschrecken und häuten. Anschließend entkernen und würfeln. Die Schalotten und den Knoblauch schälen und fein würfeln.

🔪 Beides in Butter anschwitzen und die Tomatenwürfel zugeben. Mit Paprikapulver bestreuen, mit der Hälfte des Fischsuds auffüllen und einige Minuten kochen lassen.

🔪 Die weich gekochten Paprikaschoten im Mixer pürieren und dabei so viel Fischsud zugeben, dass eine leicht flüssige Sauce entsteht. Diese durch ein feines Sieb passieren, zu den Tomaten geben und alles nochmals erhitzen. Kurz vor dem Servieren mit dem Schneebesen die kalte Butter unterrühren, um die Sauce zu binden. Mit Salz, Pfeffer und Kümmel abschmecken.

🔪 Für den Couscous Blumenkohl putzen, in Röschen teilen und im Blitzhacker so klein hacken, dass er wie Couscous aussieht. Die Safranfäden in 2 EL warmes Wasser legen.

🔪 Blumenkohl in einer Pfanne mit Butter anschwitzen, mit Brühe aufgießen und etwas köcheln lassen. Mit Salz und Pfeffer abschmecken und den eingeweichten Safran inklusive Wasser unterrühren.

🔪 Die Zanderstücke in der Tomaten-Paprika-Sauce erwärmen. Blumenkohl-Couscous ringförmig in die Mitte der Teller setzen, den Zander mit der Sauce dazu anrichten und mit der Petersilie bestreuen.

 Otto Koch: „Mit dem Blumenkohl-Couscous können sie selbst ‚Experten‘ überraschen."

Rotes Scampi-Curry

Rezept für 2 Personen

4 Schalotten
1 Apfel
1 Tomate
1 Stängel Zitronengras
2 Knoblauchzehen
60 g Butter
1 TL rote Thai-Curry-Paste
250 ml Fischfond (siehe Seite 171)
250 ml ungesüßte Kokosmilch
8 weiße Champignons
2 Mini-Auberginen
Fischsauce
300 g frischer Spinat
Salz, Pfeffer
6 Scampi (oder Hummerkrabben)
etwas Zitronensaft
2 EL Öl

Für die Sauce 3 Schalotten schälen und in feine Würfel schneiden. Den Apfel ebenfalls schälen, vierteln, das Kerngehäuse entfernen und würfeln. Die Tomate zunächst einritzen, mit kochendem Wasser überbrühen, abschrecken und häuten. Anschließend entkernen und würfeln. Von dem Zitronengras die äußeren Blätter entfernen. 1 Knoblauchzehe schälen und mit dem Zitronengras fein hacken. Beides mit den Schalotten-, Apfel- und Tomatenwürfeln in einem Topf mit 50 g Butter anschwitzen. Curry-Paste zugeben, mit Fischfond sowie Kokosmilch auffüllen und um die Hälfte einkochen.

Die Champignons putzen und vierteln. Die Auberginen waschen, je nach Größe halbieren, und mit den Pilzen ebenfalls in den Topf geben. Alles schön durchkochen lassen und mit Fischsauce abschmecken.

Den Spinat putzen, dabei die Stiele entfernen, in kochendem Salzwasser garen, in eiskaltem Wasser abschrecken und abtropfen lassen. Die restliche Schalotte und Knoblauchzehe schälen, fein hacken und mit der restlichen Butter in einer Pfanne glasig andünsten. Den Spinat zugeben und mit Salz und Pfeffer abschmecken.

Die Scampi schälen, die Köpfe entfernen, mit einem kleinen Messer in der Mitte des Rückens vorsichtig aufschneiden und den Darm entfernen. Mit Salz, Pfeffer sowie Zitronensaft würzen. In einer Pfanne mit Öl von jeder Seite ca. 2 Minuten braten.

Auf Tellern kreisförmig anrichten, mit der Sauce übergießen und den Spinat mittig garnieren.

Otto Koch: „Die thailändische Küche ist meiner Meinung nach geschmacklich die intensivste und variabelste Küche der Welt und dieses rote Scampi-Curry ist, wie ich finde, ein gutes Beispiel dafür."

Scampi
im Kartoffelstroh

Rezept für 2 Personen

Dip
1 Eigelb
1 TL Senf
100 ml Olivenöl
1 Spritzer Zitronensaft
2 EL fein gehackte Petersilie
Curry
Salz, Pfeffer
2 EL geschlagene Sahne

Scampi im Kartoffelstroh
6 große frische Scampi
Saft von ½ Zitrone
Salz, Pfeffer
1 TL Mehl
2 große festkochende Kartoffeln
Pflanzenfett zum Frittieren

Dazu Knoblauch-
baguette reichen.

Für den Dip das Eigelb in einer Schüssel mit dem Senf verrühren, langsam und unter ständigem Rühren das Olivenöl in einem dünnen Strahl einlaufen lassen. Zitronensaft und Petersilie zugeben. Mit Curry, Salz und Pfeffer abschmecken und ganz zum Schluss die geschlagene Sahne unterheben.

Die Scampi schälen, die Köpfe entfernen, mit einem kleinen Messer in der Mitte des Rückens vorsichtig aufschneiden und den Darm entfernen. Mit Zitronensaft beträufeln, salzen und pfeffern sowie mit Mehl bestäuben.

Die Kartoffeln schälen und entweder mit einem Spiralschneider schneiden oder zuerst in Scheiben und dann in feine Streifen schneiden. Diese gleichmäßig um die Scampi wickeln und im heißen Fett ausbacken, bis die Kartoffeln goldbraun sind. Dann auf Küchenpapier abtropfen lassen.

Die Scampi mit dem Dip anrichten.

Otto Koch: „Lassen sie ihre Gäste mal raten, was sich hinter dem Stroh verbirgt. Wetten, dass sie nicht darauf kommen werden?"

Scampi
mit gegrillter Ananas

Rezept für 2 Personen

6 große frische Scampi
1 Vanilleschote
2 Scheiben frische Ananas
1 EL Zucker
4 EL Butter
2 kleine rote Chilischoten
gemahlener Kreuzkümmel
Salz, Pfeffer

Für ein interessantes Aussehen braten Sie die Ananasscheiben in einer Grillpfanne von beiden Seiten – so entsteht ein schönes Muster.

Von den Scampi Kopf und Panzer entfernen; es sollen nur die Schwanzflossen übrig bleiben. Mit einem kleinen Messer die Mitte des Rückens vorsichtig aufschneiden und den Darm entfernen.

Die Vanilleschote halbieren, jedoch nicht ganz durchschneiden, und das Mark herauskratzen. Ananasscheiben in einer beschichteten Pfanne kurz braten, Zucker zugeben und karamellisieren, mit 2 EL Butter, Vanillemark und -schote sowie Chilis leicht schwenken, bis die Ananas weich ist. Scampi mit etwas Kreuzkümmel, Salz und Pfeffer würzen. In einer Pfanne die restliche Butter erhitzen, Scampi zugeben und braten. Die gebratene Ananas mit den Scampi auf Tellern anrichten und mit einer Vanilleschotenhälfte sowie Chili dekorieren.

Otto Koch: „Gegrillte Ananas mit Vanille und Scampi – scheint gewagt in der Kombination! Aber probieren Sie es aus, Sie werden sehen, wie gut diese Zutaten miteinander harmonieren. Wenn Sie dann noch den richtigen Wein, z. B. eine Riesling Spätlese halbtrocken, dazu genießen, wird das Erlebnis perfekt. Und das Beste: Das Gericht ist ganz schnell vorzubereiten und fertig!"

Tintenfischtatar
mit Blumenkohl-Vinaigrette

Rezept für 2 Personen

Tintenfischtatar
300 g sehr frische Tintenfischtuben
Salz
1 Zwiebel
1 unbehandelte Limette
Saft von ½ Limette
weißer Pfeffer

Vinaigrette
150 g Blumenkohl
Salz
150 g Naturjoghurt
Saft von ½ Limette
1 EL Olivenöl
Pfeffer

Garnitur
1 Tomate
3 Stängel Basilikum
3 Stängel Kerbel
1 EL Olivenöl
Salz, Pfeffer

Für das Tatar die Tintenfischtuben gründlich säubern und in Salzwasser ca. 40 Minuten weich kochen. Herausnehmen, abtropfen und abkühlen lassen.

Die Zwiebel schälen und fein würfeln. Die Limette heiß abwaschen, halbieren und in sehr dünne Scheiben schneiden. Tintenfischtuben sehr fein hacken, mit Zwiebelwürfeln mischen und mit etwas Limettensaft, Salz und Pfeffer würzen. Je einen Metallring (ca. 6 cm Durchmesser, ca. 4 cm hoch) in die Mitte eines Tellers legen und mit den Limettenscheiben auslegen. Die Scheiben sollten etwa 1 cm über den Metallrand regelmäßig bogenförmig herausragen. Das Tintenfischtatar mit einem Löffel in den Metallring eindrücken. Diesen bis kurz vor dem Servieren stehen lassen.

Für die Vinaigrette den Blumenkohl putzen, in kleine Röschen teilen, in kochendem Salzwasser bissfest garen und in eiskaltem Wasser abschrecken. Anschließend mit Joghurt in einem Mixer fein pürieren, bis der Blumenkohl grießkörnig wird. Mit Limettensaft und Olivenöl verrühren, mit Salz und Pfeffer abschmecken.

Für die Garnitur die Tomate zunächst einritzen, mit kochendem Wasser überbrühen, abschrecken und häuten. Anschließend entkernen und fein würfeln. Vom Basilikum und Kerbel die Blätter abzupfen und hacken. Tomatenwürfel mit Olivenöl verrühren, Basilikum untermischen und mit Salz und Pfeffer abschmecken.

Je einen kleinen Löffel marinierte Tomatenwürfel auf das Tatar geben, mit Vinaigrette umgießen, den Ring entfernen und mit Kerbel bestreuen.

 Otto Koch: „Ganz wichtig: Der Tintenfisch muss so frisch wie möglich sein."

Gebratene Tintenfische
mit Chili

Rezept für 2 Personen

2 Schalotten
2 Knoblauchzehen
100 g Zucchini
100 g Aubergine
2 Tomaten
½ Bund glatte Petersilie
1 rote Chilischote
4 EL Olivenöl
1 Zweig Rosmarin
Salz, Pfeffer
400 g kleine Tintenfische (Seppioline)

Dazu schmecken
Salzkartoffeln sehr gut.

Schalotten und Knoblauch schälen, beides fein würfeln. Zucchini und Aubergine putzen und fein würfeln. Die Tomaten einritzen, mit kochendem Wasser überbrühen, abschrecken und häuten. Anschließend entkernen und in feine Würfel schneiden. Von der Petersilie die Blätter abzupfen und fein hacken. Die Chilischote halbieren, die Kerne entfernen und das Fruchtfleisch fein hacken.

Die Hälfte der Schalotten und des Knoblauchs in einer Pfanne mit 2 EL Olivenöl anschwitzen. Zucchini und Auberginen kurz mit anschwitzen, dann die Tomatenwürfel unterrühren, den Rosmarinzweig einlegen und alles ca. 5 Minuten garen. Mit Salz und Pfeffer würzen.

Die kleinen Tintenfische gründlich säubern und gut trocken tupfen. In einer Pfanne im restlichen Olivenöl zusammen mit restlichem Knoblauch, restlichen Schalotten und Chili braten. Gut Farbe annehmen lassen und mit Salz und Pfeffer würzen.

Das Gemüse jeweils in der Tellermitte anrichten, die Tintenfische darum herum geben und mit der gehackten Petersilie bestreuen.

Otto Koch: „Seien Sie behutsam mit der Dosierung von Chili, sonst brauchen Sie einen ‚Feuerlöscher'. Sollte es zu scharf sein, essen Sie etwas Brot. Wasser hilft nämlich in diesem Fall nicht."

Weißwurst von Meeresfrüchten
mit Senfsauce und Wirsing

Rezept für 4 Personen

Weißwurst
250 g Fischfilets oder Meeres-
    früchte, ohne Haut und
    Gräten (z. B. Zander, Lotte,
Hummerkrabben, Scampi)
3 Eiweiß
250 ml Sahne
Salz, Pfeffer
1 kleiner Bund Schnittlauch
1 m Schafsaitlinge
    (beim Metzger bestellen)

Senfsauce
250 ml Fischfond
    (siehe Seite 171)
250 ml Sahne
100 ml trockener Weißwein
50 g kalte Butter
2 TL körniger Dijon-Senf
Salz, Pfeffer

Wirsing
300 g junger Wirsing
3 Schalotten
30 g Butter

125 ml heller Kalbsfond
    (siehe Seite 172)
125 ml Sahne
Salz, Pfeffer

Tomatenconcassée
3 Tomaten
2 Schalotten
½ Knoblauchzehe
30 g Butter
Salz, Pfeffer
4 Blatt glatte Petersilie

🔪 Für die Weißwurst die gut gekühlten Fischfilets und Meeresfrüchte – auf jeden Fall zwei verschiedene Arten bzw. Sorten – in einem Mixer zu einer Farce pürieren, dabei langsam Eiweiß und Sahne zugeben. Die Zutaten müssen vor der Zubereitung gut gekühlt sein, damit die Farce nicht gerinnt. Mit Salz und Pfeffer würzen. Schnittlauch in feine Röllchen schneiden und unterheben. Die Fischfarce mit einem Spritzbeutel in die Saitlinge füllen, 10 cm lange Würste abdrehen und in heißem Salzwasser 4 Minuten gar ziehen lassen. Abschrecken und die Haut abziehen.

🔪 Für die Sauce Fischfond, Sahne und Weißwein in einen Topf geben und um die Hälfte einkochen. Die kalte Butter einrühren, den Senf zugeben und mit Salz und Pfeffer abschmecken. Vor dem Servieren kurz mit einem Pürierstab aufmixen.

🔪 Für das Gemüse den Wirsing putzen und in sehr feine Streifen schneiden. Die Schalotten schälen, klein hacken und in Butter anschwitzen. Wirsing zugeben und einige Minuten dünsten. Mit Kalbsfond ablöschen, mit Sahne aufgießen und mit Salz und Pfeffer abschmecken. Den Wirsing abgedeckt langsam garen.

🔪 Für das Concassée Tomaten einritzen, mit kochendem Wasser überbrühen, abschrecken und häuten. Anschließend entkernen und fein würfeln. Schalotten und Knoblauch schälen, klein schneiden und in Butter andünsten. Vor dem Anrichten die Tomatenwürfel zugeben, kurz schwenken, mit Salz und Pfeffer abschmecken. Die enthäuteten „Weißwürste" kurz erwärmen, auf dem Wirsing anrichten und die Senfsauce angießen. Mit Concassée und Petersilienblättern garnieren.

Otto Koch: „Mit diesem Rezept habe ich seinerzeit München geradezu revolutioniert. Eingefleischte Bayern fanden mich nahezu skandalös, weil ich mich ihrer Meinung nach an einem ‚Heiligtum' vergriff. Dabei soll auch die ur-bayerische Weißwurst seinerzeit nur deshalb entstanden sein, weil der Metzger Sepp Moser keine Schafsdärme mehr hatte und auf Schweinedärme zurückgreifen musste. Weil er fürchtete, sie würden beim Braten platzen, brühte er sie in heißem Wasser. Aber zu meinen Weißwürsten sollte nicht unbedingt Weißbier serviert werden! Ein kräftiger, trockener Chardonnay eignet sich viel besser."

Geflügel

Gratiniertes Hähnchenbrustfilet
mit Tomaten-Spaghetti

Rezept für 2 Personen

Hähnchenbrustfilet
2 Hähnchenbrustfilets
   (à ca. 100 g)
Salz, Pfeffer
2 EL Butterschmalz
80 g Gorgonzola
150 ml Sahne
1 Schalotte
150 g frischer Spinat
1 EL Butter
Muskatnuss

Tomaten-Spaghetti
100 g Spaghetti
Salz
3 Tomaten
1 Schalotte
1 EL Butter
1 TL Tomatenmark
Pfeffer
Zucker

🥄 Die Hähnchenbrustfilets mit Salz und Pfeffer würzen, von beiden Seiten in Butterschmalz kräftig anbraten und in eine Auflaufform legen. 40 g Gorgonzola klein schneiden und mit der Sahne einkochen, bis eine cremige Sauce entsteht. Mit Salz und Pfeffer abschmecken.

🥄 Die Schalotte schälen und fein würfeln. Spinat putzen und dabei die Stiele entfernen. Die Schalottenwürfel in Butter anschwitzen, den Spinat zugeben und zusammenfallen lassen. Mit Salz, Pfeffer und frisch geriebener Muskatnuss abschmecken. Die Hälfte des Spinats auf den gebratenen Hähnchenbrustfilets verteilen. Restlichen Gorgonzola in Scheiben schneiden und zum Überbacken darauf legen. Im vorgeheizten Backofen bei 180 °C Ober- und Unterhitze ca. 10 Minuten überbacken. Den restlichen Spinat in die Sauce geben.

🥄 Spaghetti in reichlich Salzwasser bissfest kochen.

🥄 In der Zwischenzeit für die Spaghetti die Tomaten einritzen, mit kochendem Wasser überbrühen, abschrecken und häuten. Anschließend entkernen und fein würfeln. Schalotte schälen, fein würfeln und in Butter anschwitzen. Tomatenmark mit etwas Wasser verrühren und untermischen. Mit Salz und Pfeffer sowie 1 Prise Zucker würzen. Die fertig gekochten Spaghetti darin schwenken, Tomatenwürfel unterheben und nochmals abschmecken.

🥄 Die Hähnchenbrustfilets zum Servieren auf großen Tellern anrichten, die Spinat-Gorgonzola-Sauce darüber geben und die Tomaten-Spaghetti dazu reichen.

 Otto Koch: „Dieses Gericht können Sie sehr gut auch mit Perlhuhn zubereiten."

Hähnchenbrust aus dem Dampf
mit Muskat-Sabayon

Rezept für 2 Personen

Kartoffel-Erbsen-Püree
300 g mehligkochende Kartoffeln
Salz
2 EL Butter
80 ml warme Milch
Pfeffer
Muskatnuss
150 g frische oder
    tiefgekühlte Erbsen
30 ml Sahne

Hähnchenbrust
1 Zweig Thymian
1 Zweig Rosmarin
2 Hähnchenbrustfilets
    (à ca. 150 g)

Muskat-Sabayon
100 ml heller Geflügelfond
    (siehe Seite 172)
100 ml Weißwein
100 ml extra trockener
    Wermut
Muskatnuss
2 Eigelb
Salz, Pfeffer

🥄 Für das Püree Kartoffeln in Salzwasser kochen, abschütten, pellen, etwas ausdampfen lassen und durch eine Kartoffelpresse drücken oder stampfen. Das Püree mit 1 EL Butter und Milch verrühren. Mit Salz, Pfeffer und frisch geriebener Muskatnuss abschmecken.

🥄 Die Erbsen in kochendem Salzwasser garen, kurz in eiskaltem Wasser abschrecken, pürieren und fein passieren. Das Erbsenpüree mit der restlichen Butter sowie Sahne verfeinern, salzen und pfeffern. Beide Pürees nur grob miteinander vermischen und bis zum Servieren warm halten.

🥄 Für die Hähnchenbrustfilets ausreichend Wasser mit den Kräutern in einem Topf mit Dampfeinsatz erhitzen und 2 Minuten kochen lassen. Die Hähnchenbrustfilets in den Dampfeinsatz legen und über dem Wasser-Kräutersud ca. 10 Minuten dämpfen. Danach warm stellen.

🥄 Für die Sabayon Geflügelfond mit Weißwein, Wermut sowie etwas frisch geriebener Muskatnuss aufkochen und auf die Hälfte einkochen. Eigelbe mit der Geflügelbrühe-Weinmischung über einem Wasserbad zu einer Sabayon aufschlagen. Leicht mit Salz und Pfeffer abschmecken; der Muskatgeschmack sollte dominieren.

🥄 Die Hähnchenbrüste zum Servieren auf Tellern anrichten und mit der Sabayon übergießen. Einen großen Löffel von dem Püree dazu garnieren.

 Otto Koch: „Vorsicht: Während des Dämpfens das Wasser nicht mehr kochen lassen, sonst wird das Hähnchen innerhalb kurzer Zeit trocken und zäh."

Gefüllte rote Zwiebeln
mit Hähnchenragout

Rezept für 2 Personen

Zwiebeln
4 große rote Zwiebeln
ca. 100 ml Gemüsebrühe (siehe Seite 170)

Hähnchenragout
300 g Hähnchenbrustfilets
1 EL Butter
1 TL Mehl
100 ml heller Geflügelfond (siehe Seite 172)
100 ml Weißwein
150 g Crème double
½ TL abgeriebene Zitronenschale
Zimt
Salz, Pfeffer

Garnitur
1 EL gehackte Petersilie

Dazu serviere
ich gern Bandnudeln.

🐾 Die Zwiebeln schälen, Wurzelansatz abschneiden, damit die Zwiebeln stehen bleiben; den oberen Teil so abschneiden, dass er als „Deckel" verwendet werden kann. Die Zwiebeln aushöhlen und die herausgenommenen Zwiebelstücke fein hacken. Die ausgehöhlten Zwiebeln ca. 1 cm hoch mit Gemüsebrühe füllen und den „Deckel" darauf setzen. Im vorgeheizten Backofen bei 200 °C Ober- und Unterhitze ca. 20 Minuten garen.

🐾 In der Zwischenzeit Hähnchenbrustfilets in kleine Würfel schneiden. Das Feingehackte der Zwiebeln in Butter anschwitzen, anschließend das Fleisch zugeben und braten. Leicht mit Mehl bestäuben und mit Geflügelfond ablöschen. Weißwein und Crème double unterrühren, dann mit Zitronenabrieb, Zimt, Salz und Pfeffer abschmecken.

🐾 Die Zwiebeln mit dem Hähnchenragout füllen, das restliche Ragout darum herum anrichten, den „Deckel" darauf setzen und mit Petersilie garnieren.

Otto Koch: „Dies ist ein tolles Gericht, das sich auch wunderbar mit Kaninchenkeule zubereiten lässt."

Geflügelentchen

Rezept für 2 Personen

2 Wachteleier
2 Hähnchenkeulen
50 g frische Geflügellebern
Salz, Pfeffer
2 EL Olivenöl
125 ml trockener Rotwein
125 ml brauner Geflügelfond (siehe Seite 173)
300 g mehligkochende Kartoffeln
20 g Butter
150 ml warme Milch
Muskatnuss
4 Gewürznelken
4 geröstete gehobelte Mandeln
2 grüne Lauchblätter

🐇 Die Wachteleier hart kochen und pellen.

🐇 Hähnchenkeulen vorsichtig auslösen, von Knochenresten und Sehnen befreien.

🐇 Die Geflügellebern putzen, salzen, pfeffern und die Hähnchenkeulen damit füllen. Außen nochmals mit Salz und Pfeffer würzen, zu kleinen Rollen formen, in Alufolie wickeln und darauf achten, dass die Keulen ihre Form behalten. Die Enden der Folie fest zusammendrehen und in leicht kochendem Wasser ca. 20 Minuten garen.

🐇 Anschließend aus der Folie wickeln und in einer Pfanne mit Olivenöl rundum braten, damit die Haut schön kross wird. Herausnehmen und warm stellen.

🐇 Den Bratenansatz in der Pfanne mit Rotwein ablöschen, mit Geflügelfond aufgießen und auf die gewünschte Konsistenz einkochen. Mit Salz und Pfeffer abschmecken.

🐇 Kartoffeln schälen, vierteln und in reichlich Salzwasser kochen. Abschütten, wieder auf den Herd stellen und so lange gut schütteln, bis die Kartoffeln zerfallen und möglichst viel Wasser verdampft ist. Die Butter bräunen. Die Kartoffeln durch eine Presse drücken und nach und nach die Milch unterrühren. Zuletzt die braune Butter unterrühren und mit Salz und frisch geriebener Muskatnuss abschmecken.

🐇 Um die Geflügelentchen fertig zu stellen, die Nelken als Augen und die Mandeln jeweils als Schnabel in die Wachteleier stecken, damit sie wie Entenköpfe aussehen. Aus dem Lauchblatt einen Entenschwanz schneiden.

🐇 Die Geflügelrolle soll den Körper der Ente darstellen. Den Kopf auf der vorderen Seite mit einem kleinen Spieß oder Zahnstocher befestigen. Das hintere obere Ende der Geflügelrolle einschneiden und das Lauchblatt hineinstecken.

🐇 Die Entchen auf einem kleinen Ring aus Kartoffelpüree als Nest anrichten und mit der Sauce umgießen.

Otto Koch: „Hier muss man aufpassen, dass die Füllung nicht zu weich ist, weil sich das Entchen sonst schlecht schneiden lässt."

Wiener Backhendl
mit Kartoffel-Gurken-Salat

Rezept für 2 Personen

Kartoffel-Gurken-Salat
400 g Salatkartoffeln
Salz
1 kleine Zwiebel
200 ml heiße Gemüsebrühe
    (siehe Seite 170)
2 EL Kräuteressig
3 EL Sonnenblumenöl
150 g Salatgurke
Pfeffer

Backhendl
2 Hähnchenbrüste mit Haut
    und Flügelknochen
Salz, Pfeffer
edelsüßes Paprikapulver
Mehl zum Wenden
1 Ei
100 g Semmelbrösel
Pflanzenfett zum Frittieren

Garnitur
3 Stängel Petersilie
1 unbehandelte Zitrone

🐾 Für den Salat die Kartoffeln mit der Schale in Salzwasser kochen, abschütten, pellen und etwas auskühlen lassen. Anschließend in Scheiben schneiden.

🐾 Zwiebel schälen und sehr fein würfeln. Mit heißer Brühe, etwas Essig und Öl, je nach Geschmack auch gern mehr, anmachen. Die Gurke schälen, längs halbieren, entkernen, in sehr feine Scheiben hobeln und unter den Kartoffelsalat mischen. Mit Salz und Pfeffer abschmecken.

🐾 Für das Backhendl von den Hähnchenbrüsten die Haut abschneiden, den Flügelknochen dran lassen. Mit Salz, Pfeffer und etwas Paprikapulver würzen. Dann die Hähnchenbrüste in Mehl wenden, durch das verquirlte Ei ziehen, in den Semmelbröseln panieren und im heißen Fett goldbraun frittieren. Anschließend auf Küchenpapier abtropfen lassen.

🐾 Von der Petersilie die Blätter abzupfen, in dem noch heißen Fett frittieren und auf Küchenpapier abtropfen lassen. Die Zitrone heiß abwaschen und in Spalten schneiden.

🐾 Die Hähnchenbrüste mit Kartoffelsalat anrichten, die Petersilie anlegen und mit Zitronenspalten garnieren.

 Otto Koch: „Kartoffel-Vogerl(Feld)-salat ist eine andere klassische Variante aus Österreich, mit dem sich ein simpler Kartoffelsalat abwandeln lässt."

Entenfrikadellen
mit Rotkraut

Rezept für 2 Personen

Rotkraut
1 Zwiebel
300 g Rotkohl
1 EL Butterschmalz
3 EL Balsamico-Essig
150 ml trockener Rotwein
1 mürber Apfel (z. B. Boskop)
1 Lorbeerblatt
Salz
2 EL Preiselbeeren

Entenfrikadellen
1 Brötchen vom Vortag
100 ml warme Milch
2 Schalotten

1 Knoblauchzehe
½ Bund Petersilie
4 Entenkeulen, entbeint,
    mit Haut
Salz, Pfeffer
2 EL Pflanzenöl
250 ml brauner Kalbsfond
    (siehe Seite 173)
150 ml trockener Rotwein
1 EL kalte Butter

Dazu passen
Salzkartoffeln
besonders gut.

Für das Rotkraut die Zwiebel schälen, halbieren und in Scheiben schneiden. Den Rotkohl putzen und ebenfalls in feine Streifen schneiden oder hobeln. Die Zwiebelscheiben in einem Topf mit Butterschmalz anschwitzen. Den Rotkohl und Balsamico-Essig zugeben und gut vermischen. Mit Rotwein ablöschen. Den Apfel schälen, achteln, Kerngehäuse entfernen, in Scheiben schneiden und unterrühren. Lorbeerblatt und etwas Salz zufügen und ca. 20 Minuten abgedeckt garen, dabei immer mal wieder umrühren. Dann die Preiselbeeren untermischen und weitere 15 Minuten garen.

Für die Frikadellen das Brötchen in dünne Scheiben schneiden und in Milch einweichen. Währenddessen Schalotten und Knoblauchzehe schälen und grob würfeln. Von der Petersilie die Blätter abzupfen. Das Entenfleisch mit Haut, Schalottenwürfeln, Knoblauch, Petersilie und ausgedrücktem Brötchen im Blitzhacker hacken oder durch einen Fleischwolf drehen. Mit Salz und Pfeffer würzen. Aus der Masse kleine Frikadellen formen und diese in einer Pfanne mit Öl von beiden Seiten gut anbraten, dann bei geringerer Hitze gar ziehen lassen.

Den Kalbsfond mit Rotwein auf die gewünschte Konsistenz einkochen, mit kalter Butter binden und abschmecken.

Das Rotkraut vor dem Servieren nochmals abschmecken und zu den Frikadellen mit Sauce anrichten.

 Otto Koch: „Die Frikadellen können sie auch sehr schön aus Gänsekeulen zubereiten.“

Entenbrust
mit Zimt-Cassis-Sauce

Rezept für 2 Personen

Beilage
300 g festkochende Kartoffeln
Salz
3 EL Butter
70 g Zuckerschoten

Entenbrust
1 Entenbrust mit Haut (ca. 350 g)
Salz, Pfeffer

Zimt-Cassis-Sauce
150 ml Rotwein
150 ml brauner Geflügelfond
   (siehe Seite 173)

2 TL kalte Butter
40 ml Cassislikör
½ TL Zimt

Apfelspalten
1 Apfel (z. B. Jonagold)
1 Spritzer Zitronensaft
1 EL Butter
1 EL Zucker

🐾 Zunächst die Kartoffeln schälen, in Salzwasser kochen und abschütten. Diese dann kurz vor dem Anrichten in 2 EL Butter schwenken und salzen. Die Zuckerschoten putzen, ebenfalls in Salzwasser garen, in eiskaltem Wasser abschrecken und abtropfen lassen. Dann genau wie die Kartoffeln kurz vor dem Servieren in einer Pfanne in der restlichen Butter anschwenken und salzen.

🐾 Die Entenbrust mit Salz und Pfeffer würzen und auf der Hautseite in einer beschichteten Pfanne kross anbraten. Wenden und anschließend mit der Hautseite nach oben im vorgeheizten Backofen bei 180 °C Ober- und Unterhitze ca. 10–15 Minuten, je nach gewünschtem Gargrad, fertig braten.

🐾 Für die Sauce Rotwein und Geflügelfond aufkochen und um die Hälfte einkochen. Dann mit kalter Butter binden, mit Cassis und Zimt abschmecken und bis zum Servieren warm halten.

🐾 Den Apfel schälen, vierteln, das Kerngehäuse entfernen, in Spalten schneiden und in Wasser mit Zitronensaft legen, damit diese nicht braun werden.

🐾 Die Apfelspalten trocken tupfen und in einer Pfanne mit der Butter anschwitzen. Mit Zucker bestreuen und karamellisieren lassen.

🐾 Die Entenbrust aufschneiden, mit den karamellisierten Apfelspalten garnieren und mit der Sauce umgießen. Separat dazu die Zuckerschoten und Kartoffeln reichen.

 Otto Koch: „Als Wein empfehle ich hierzu einen fruchtigen Spätburgunder, der nicht zu trocken ist."

Entenbrust
mit gedämpftem Gemüse

Rezept für 2 Personen

Johannisbeersauce
100 ml Rotwein
100 ml brauner Geflügelfond (siehe Seite 173)
1 EL kalte Butter
50 ml Cassislikör
Salz, Pfeffer
50 g schwarze Johannisbeeren

Gemüse
400 g gemischtes Gemüse
    (z. B. weißer und grüner Spargel,
    Wirsingblätter, Pilze)
Salz
2 EL Butter

Entenbrust
1 Entenbrust (ca. 350 g)
Salz, Pfeffer
grobes Meersalz

🔪 Für die Sauce Rotwein und Geflügelfond in einen Topf geben und um die Hälfte einkochen. Kalte Butter unterrühren und mit Cassis, Salz und Pfeffer abschmecken. Kurz vor dem Anrichten die Johannisbeeren zugeben und noch ca. 3 Minuten weiter köcheln lassen.

🔪 Das Gemüse putzen, gegebenenfalls schälen, in kochendem Salzwasser bissfest garen und in eiskaltem Wasser abschrecken. Kurz vor dem Servieren alles in Butter anschwenken und salzen.

🔪 Die Haut der Entenbrust rautenförmig einschneiden, dann mit Salz und Pfeffer würzen. Eine beschichtete Pfanne erhitzen und die Entenbrust zuerst auf der Hautseite ca. 3 Minuten kross anbraten. Dann wenden, weitere 3 Minuten braten und mit der Hautseite nach oben im vorgeheizten Backofen bei 180 °C Oberhitze ca. 10 Minuten leicht rosa braten.

🔪 Das Gemüse auf Tellern verteilen, die Entenbrust aufschneiden, darauf anrichten, mit Meersalz bestreuen und mit der Sauce umgießen.

 Otto Koch: „Wählen Sie hier regionales Gemüse je nach Saison aus. So schmeckt es am besten."

Gedämpfte Perlhuhnbrust
mit Zucchini-Spaghetti

Rezept für 2 Personen

Gedämpfte Perlhuhnbrust
1 Bund gemischte Kräuter
    (z. B. Petersilie, Schnitt-
    lauch, Dill, Kerbel)
300 ml heller Geflügelfond
    (siehe Seite 172)
2 Perlhuhnbrüste (à ca. 150 g)
Salz, Pfeffer

Zucchini-Spaghetti
1–2 Zucchini
2 EL Olivenöl
Salz, Pfeffer

Zitronenverbene-Sabayon
50 ml hergestellter Perlhuhnfond
    (siehe links)
10 Blätter Zitronenverbene
50 ml trockener Wermut
2 Eigelb
Salz, Pfeffer

Garnitur
1 TL Rosa Beeren

Statt Zitronen-
verbene können
Sie auch Estragon
verwenden.

🐾 Für die Perlhuhnbrust die Kräuter zu einem Strauß zusammenbinden. Geflügelfond in einem Topf mit Dampf-einsatz aufkochen, den Kräuterstrauß zugeben und 2 Minuten mitkochen, dann wieder herausnehmen.

🐾 Die Perlhuhnbrüste mit Salz und Pfeffer würzen. In den Dampfeinsatz legen und ca. 10–15 Minuten abgedeckt dämpfen. Der Fond sollte nur noch leicht sieden.

🐾 Die Zucchini mit einem Spiralschneider oder einem scharfen Messer dünn wie Spaghetti schneiden. Kurz vor dem Servieren die Zucchinistreifen in einer Pfanne mit Olivenöl anschwitzen und mit Salz und Pfeffer abschmecken.

🐾 Für die Sabayon den Fond mit Zitronenverbene aufkochen, den Wermut zugießen und etwas einkochen lassen. Dann durch ein Sieb passieren und zusammen mit den Eigelben über einem Wasserbad mit einem Schneebesen zu einer Sabayon aufschlagen. Mit Salz und Pfeffer abschmecken.

🐾 Die Perlhuhnbrüste mit den Zucchini-Spaghetti und der Sabayon anrichten. Mit Rosa Beeren bestreuen und servieren.

 Otto Koch: „Bei den Zucchini-Spaghetti muss man ein wenig üben, aber dieses Gemüse ist wirklich eine perfekte Alternative zu echten Spaghetti."

Geflügelleber
mit glasierten Melonen

Rezept für 2 Personen

Geflügelleber
100 ml brauner Geflügelfond
    (siehe Seite 173)
100 ml Rotwein (z. B. Rioja)
1 Schalotte
300 g Geflügellebern
1 EL Butter
40 ml Portwein
Salz, Pfeffer

Glasierte Honigmelone
¼ Bund frische Minze
½ reife Honigmelone
2 EL Butter
1–2 EL Zucker

Dazu passt
sehr gut
Kartoffelpüree.

🥄 Für die Geflügelleber Fond und Rotwein in einen Topf geben und um die Hälfte einkochen. Schalotte schälen und fein würfeln. Die Geflügellebern putzen, in einer Pfanne mit Butter und Schalottenwürfeln scharf anbraten und mit Portwein ablöschen. Noch 1 Minute schwenken, die Lebern herausnehmen, in ein Sieb geben und den abtropfenden Bratensaft dabei auffangen.

🥄 Den Bratenansatz in der Pfanne mit der Fond-Rotweinreduktion aufgießen. Einige Minuten auf die gewünschte Konsistenz einkochen, mit dem abgetropften Saft der Geflügellebern aufgießen und mit Salz und Pfeffer würzen. Die Geflügellebern wieder in die Sauce geben und warm halten.

🥄 Für die Honigmelone von der Minze die Blätter abzupfen und fein hacken. Aus der Melone mit einem Kugelausstecher gleichmäßige Kugeln ausstechen. In Butter anschwenken, je nach Süße der Melone zuckern, und zum Schluss die Minze zugeben.

🥄 Die Melonenkugeln in tiefen Tellern kreisförmig am Rand anrichten und die Geflügellebern in die Mitte geben.

Otto Koch: „Anstelle von Melonen bieten sich alternativ auch sehr gut ausgestochene und in Zimtzucker gekochte Kürbiskugeln an. Probieren sie es einfach mal aus!"

Gefüllte Gänsekeule
mit Rotkraut und Maronenpüree

Rezept für 2 Personen

Füllung
50 g Schwarzbrot vom Vortag
80 ml warme Milch
50 g Apfel
1 EL Zitronensaft
25 g Sultaninen
25 g getrocknete Aprikosen
25 g Zitronat
50 g körniger Senf
Salz, Pfeffer
Butter zum Einfetten

vorbereitete Gänsekeule
2 Jung-Gänsekeulen
Füllung (siehe links)
Salz
150 g Röstgemüse (z. B. Knollensellerie, Karotte, Lauch)
1 rote Zwiebel
2 EL Pflanzenöl
1 TL Tomatenmark
1 TL Mehl
150 ml Rotwein
400 ml brauner Geflügelfond
   (siehe Seite 173)

Beilagen
400 g gekochtes Rotkraut
80 g geschälte, gekochte
   Maronen
100 ml Sahne
Zucker

🔪 Für die Füllung das Brot in kleine Würfel schneiden und in der Milch einweichen. Den Apfel schälen, vierteln, Kerngehäuse entfernen, klein würfeln und mit etwas Zitronensaft beträufeln. Sultaninen, getrocknete Aprikosen und Zitronat fein würfeln, dann mit dem eingeweichten Brot mischen. Mit Senf, Salz und Pfeffer würzen.

🔪 Die Gänsekeulen auslösen, die Knochen klein hacken und für die Sauce beiseitestellen. Die Füllung in die Gänsekeulen geben, anschließend sehr fest in gebutterte Alufolie wickeln. In einem großen Topf Salzwasser aufkochen, die Gänsekeulen zugeben und darin bei geringer Hitze ca. 2 Stunden kochen.

🔪 Das Röstgemüse putzen, gegebenenfalls schälen und grob würfeln. Zwiebel schälen und ebenfalls in grobe Würfel schneiden. Die Knochen in einem Topf mit Öl anbraten, das Röstgemüse und die Zwiebelwürfel zugeben und mit anbraten. Tomatenmark unterrühren und mit Mehl bestäuben. Mit 100 ml Rotwein ablöschen und 350 ml Fond aufgießen.

🔪 Die Gänsekeulen aus der Folie wickeln, in die Sauce mit dem Röstgemüse legen und abgedeckt ca. 30–45 Minuten köcheln lassen.

🔪 Das Rotkraut langsam erwärmen und eventuell noch restlichen Rotwein zugeben.

🔪 Maronen passieren, mit Sahne sowie restlichem Geflügelfond vermischen und im Topf behutsam erwärmen. Mit Salz und Zucker abschmecken.

🔪 Die Gänsekeulen aus der Sauce nehmen und warm halten. Die Sauce passieren, auf die gewünschte Konsistenz einkochen und abschmecken. Das Fleisch aufschneiden und auf dem Rotkraut anrichten. Maronenpüree dazugeben und mit der Sauce umgießen.

 Otto Koch: „Dieses klassische Dezember-Essen wird ideal begleitet von einem Lemberger aus Württemberg."

Fleisch

Kasseler mit
Rübenkraut

Rezept für 2 Personen

Rübenkraut
300 g Kohlrabi
Salz, Pfeffer
1 EL Butter
Weißweinessig

Geschwenkte Kartoffeln
6 kleine festkochende
    Kartoffeln
Salz
½ Bund glatte Petersilie
1 EL Butter

Senfsauce
100 ml Gemüsebrühe
    (siehe Seite 170)
1 EL körniger Dijon-Senf
80 g Crème double
Salz, Pfeffer

Kasseler
2 Scheiben gekochtes Kasseler
    (à ca. 150 g)
2 EL Sonnenblumenöl

🐾 Für das Rübenkraut den Kohlrabi putzen, schälen, mit einem Spaghetti- bzw. Spiralschneider in dünne Streifen schneiden oder mit einer Aufschnittmaschine in dünne Scheiben und anschließend spaghettiartig in dünne Streifen schneiden. Diese salzen und pfeffern und anschließend kalt stellen. Kurz vor dem Anrichten das Rübenkraut in einer Pfanne in der Butter anschwenken, mit einem Spritzer Essig, Salz und Pfeffer abschmecken.

🐾 Die Kartoffeln schälen, in Salzwasser kochen und abschütten. Von der Petersilie die Blätter abzupfen und fein hacken. Kurz vor dem Servieren die Kartoffeln in einer Pfanne mit Butter schwenken, mit der Petersilie vermischen und salzen.

🐾 Für die Sauce die Gemüsebrühe aufkochen und etwas einkochen. Senf sowie Crème double zugeben und mit Salz und Pfeffer abschmecken. Mit einem Pürierstab aufmixen und warm halten.

🐾 Die Fleischscheiben in einer Pfanne mit Öl bei mittlerer Hitze braten und Farbe annehmen lassen.

🐾 Das Kasseler und das Rübenkraut anrichten, mit der Sauce umgießen und die Kartoffeln dazu reichen.

Otto Koch: „Rübenkraut ist geradezu ein Klassiker aus dem Elsass. Hier in diesem Rezept habe ich es mit Kohlrabi zubereitet."

Schweinefilet
mit Bier-Kümmel-Sauce

Rezept für 2 Personen

Wurzelgemüse
300 g Knollensellerie
2 kleine Karotten
Salz
1 Rote Bete
100 ml Gemüsebrühe
   (siehe Seite 170)
2 EL Butter
Pfeffer

Schweinefilet
300 g Schweinefilet
Salz, Pfeffer
2 EL Butterschmalz
grobes Meersalz

Bier-Kümmel-Sauce
2 Schalotten
1 Knoblauchzehe
1 EL Butter
1 TL Tomatenmark
1 TL Kümmelsamen
150 ml brauner Kalbsfond
   (siehe Seite 173)
150 ml dunkles Bier
Salz, Pfeffer

Kartoffelrosette
2 festkochende Kartoffeln
2 EL Butterschmalz
Salz, Pfeffer

🔪 Den Knollensellerie und die Karotten putzen, schälen und in die gewünschte Form schneiden. Anschließend in kochendem Salzwasser bissfest garen und in eiskaltem Wasser abschrecken. Die Rote Bete mit der Schale in Salzwasser weich kochen, schälen und ebenfalls in die gewünschte Form schneiden. Kurz vor dem Servieren das gegarte Gemüse in einer Pfanne mit der Brühe und der Butter anschwitzen. Mit Salz und Pfeffer abschmecken.

🔪 Das Schweinefilet mit Salz und Pfeffer würzen und in einer Pfanne mit Butterschmalz von allen Seiten anbraten, dann im vorgeheizten Backofen bei 150 °C Ober- und Unterhitze ca. 20 Minuten fertig braten.

🔪 Für die Sauce die Schalotten und Knoblauch schälen, fein würfeln und in einem Topf mit Butter anschwitzen. Tomatenmark sowie Kümmel zugeben und mit Kalbsfond und Bier auffüllen. Einige Minuten auf die gewünschte Konsistenz einkochen lassen, dann mit Salz und Pfeffer abschmecken.

🔪 Die Kartoffeln schälen, in dünne Scheiben schneiden oder hobeln. Rosettenförmig in einer beschichteten Pfanne mit dem Butterschmalz von beiden Seiten knusprig ausbacken, dann salzen und pfeffern.

🔪 Das Schweinefilet aufschneiden, die Scheiben mit grobem Meersalz bestreuen, das Wurzelgemüse sowie die Kartoffelrosette dazu anrichten und mit der Sauce umgießen.

 Otto Koch: "Das ist sozusagen ein ‚Mini-Schweinebraten' für Feinschmecker."

Cordon bleu

Rezept für 4 Personen

4 Schweine- oder Kalbsschnitzel
    (à ca. 120–140 g)
Salz, Pfeffer
4 Scheiben gekochter Schinken
4 Scheiben Emmentaler
    oder mittelalter Gouda
2 Eier
100 g Mehl
200 g Semmelbrösel
ca. 100 ml Pflanzenöl
ca. 100 g Butter
1 unbehandelte Zitrone

Die Schnitzel zwischen einem aufgeschnittenen Gefrierbeutel flach klopfen und von beiden Seiten mit Salz und Pfeffer würzen.

Die eine Hälfte mit jeweils einer Scheibe Schinken und einer Scheibe Käse belegen, die andere Hälfte darüber klappen und feststecken. Die Eier mit 2 EL Wasser verrühren und das Fleisch zweimal nacheinander in Mehl, Ei und Semmelbröseln wenden. Die doppelte Panade sorgt dafür, dass der Käse beim Braten nicht herausläuft.

Das Öl in einer Pfanne erhitzen und das Fleisch darin von beiden Seiten braten, bis sie goldbraun sind. Dabei zwischendurch immer wieder mit einem Esslöffel etwas heißes Öl über die Panade laufen lassen, damit sie schön locker wird.

Zum Schluss die Butter in das Öl geben und das Fleisch noch mal in der Butter wenden.

Anschließend auf Küchenpapier abtropfen lassen. Die Zitrone heiß abwaschen, vierteln und zum Cordon bleu reichen.

Otto Koch: „Wie der Name dieses Gerichts entstanden ist, weiß ich auch nicht so genau. Die einen sagen, es habe seinen Namen bei einem Kochwettbewerb erhalten, andere wiederum meinen, Ludwig XV. habe den Orden Cordon bleu der Köchin seiner Geliebten Madame Dubarry verliehen, weil ihm dieses Essen so gut mundete. Sei's drum – es ist inzwischen ein Küchenklassiker und schmeckt einfach hervorragend!"

Kalbsfrikadelle mit Spiegelei
und Kartoffel-Kräuterpüree

Rezept für 2 Personen

Kalbsfrikadelle
250 g Kalbfleisch
80 g Schweinebauchfleisch
1 Brötchen vom Vortag
100 ml warme Milch
2 Schalotten
1 Knoblauchzehe
50 g geräucherter Speck
1 EL Butter
1 EL gehackte Petersilie
1 Ei
Salz, Pfeffer
1 TL scharfer Senf
2 EL Butterschmalz
100 ml brauner Kalbsfond
   (siehe Seite 173)

Püree
300 g mehligkochende Kartoffeln
Salz
75 ml warme Milch
50 g zerlassene Butter
1 EL fein gehackte Petersilie
1 EL Schnittlauchröllchen
1 EL fein gehackter Kerbel
Pfeffer
Muskatnuss

Spiegelei
2 Eier
1 EL Butter

🥄 Für die Frikadellen das Fleisch zusammen mit dem Schweinebauch entweder selbst durch einen Fleischwolf drehen, im Blitzhacker grob hacken oder vom Metzger vorbereiten lassen.

🥄 Das Brötchen klein schneiden und in Milch einweichen. Schalotten und Knoblauchzehe schälen und fein würfeln. Den Speck ebenfalls in sehr kleine Würfel schneiden. Alles zusammen in Butter anschwitzen. Zum Schluss die Petersilie unterrühren und vom Herd nehmen. Etwas abkühlen lassen, zusammen mit den ausgedrückten Brötchenwürfeln sowie dem Ei mit dem Hackfleisch vermengen. Mit Salz, Pfeffer und Senf pikant würzen. Kleine flache Frikadellen formen und in Butterschmalz von beiden Seiten anbraten. Die Hitze reduzieren und fertig braten. Herausnehmen und warm halten. Den Bratenansatz mit Kalbsfond aufgießen, einige Minuten auf die gewünschte Konsistenz einkochen und mit Salz und Pfeffer abschmecken.

🥄 Für das Püree die Kartoffeln schälen, in Salzwasser kochen und abschütten. Etwas ausdampfen lassen und die noch heißen Kartoffeln durch eine Kartoffelpresse drücken oder stampfen. Die warme Milch nach und nach zugeben und die zerlassene Butter unterrühren. Mit den Kräutern mischen und mit Salz, Pfeffer sowie frisch geriebener Muskatnuss abschmecken.

🥄 Die Spiegeleier in einer kleinen Pfanne in Butter langsam braten und anschließend auf den Frikadellen anrichten. Die Sauce angießen und das Kräuterpüree dazu reichen.

Otto Koch: „In Bayern, da komme ich ja her, heißen Frikadellen ‚Fleischpflanzl'. Wie immer man sie auch nennt, auf diese Art und Weise – nämlich durch das Kalbfleisch – werden sie geradezu elegant."

Schweinebraten
mit Graubrotknödeln

Rezept für 4 Personen

Schweinebraten
400 g Röstgemüse (Karotte,
    Knollensellerie, Lauch)
1 Zwiebel
2 Knoblauchzehen
1 kg Schweineschulter mit
    Schwarte (z. B. vom Schwä-
    bisch-Hallischen Schwein)
Salz, Pfeffer
edelsüßes Paprikapulver
gemahlener Kümmel
2 EL Butterschmalz
1 EL Tomatenmark
200 ml Rotwein

400 ml brauner Kalbsfond
    (siehe Seite 173)
5 Zweige Thymian

Graubrotknödel
400 g Graubrot vom Vortag
125 ml Sahne
Salz, Pfeffer
Muskatnuss
1 Schalotte
50 g Speckwürfel
1 TL Butter
1 EL fein gehackte Petersilie
2 Eier

Für den Braten das Röstgemüse putzen, gegebenenfalls schälen und grob würfeln. Zwiebel und Knoblauch schälen und ebenfalls grob würfeln. Die Schwarte der Schweineschulter rautenförmig einschneiden. Das Fleisch kräftig mit Salz, Pfeffer, Paprikapulver und Kümmel einreiben. In einem Bräter in Butterschmalz auf der Schwarte kross anbraten, wenden und rundum braten. Röstgemüse, Zwiebel- und Knoblauchwürfel zugeben, kurz mitbraten, würzen und Tomatenmark unterrühren. Mit Rotwein ablöschen und mit Kalbsfond aufgießen. Thymianzweige zugeben und abgedeckt im vorgeheizten Backofen bei 180 °C Ober- und Unterhitze ca. 90 Minuten fertig braten. Ca. 15 Minuten vor Ende der Garzeit den Deckel abnehmen, den Backofen auf 250 °C Oberhitze umschalten und die Kruste knusprig braten. Anschließend den Braten herausnehmen und warm halten. Die Sauce passieren, einige Minuten zur gewünschten Konsistenz einkochen und mit Salz, Pfeffer sowie Kümmel abschmecken.

Für die Knödel das Graubrot in kleine Würfel schneiden. Die Sahne leicht erwärmen, kräftig mit Salz, Pfeffer und frisch geriebener Muskatnuss würzen, dann über die Brotwürfel gießen und abgedeckt ca. 20 Minuten quellen lassen. In der Zwischenzeit die Schalotte schälen und fein würfeln. Die Speckwürfel in einer Pfanne braten, Schalottenwürfel mit Butter zugeben und mitbraten, dann abkühlen lassen. Zusammen mit der Petersilie und den Eiern unter die Graubrotwürfel mischen, mit Salz und Pfeffer würzen. Reichlich Salzwasser aufkochen und zur Sicherheit einen Kloß zur Probe garen. Gegebenenfalls nachwürzen oder die Konsistenz optimieren. Dann aus der Masse Knödel formen und im heißen Salzwasser ca. 20 Minuten garen.

Den Schweinebraten mit der Sauce und den Graubrotknödeln anrichten.

Otto Koch: „Semmelknödel kennt ja – fast – jeder, besonders im Süden Deutschlands. Zum Schweinebraten aber einen Graubrotknödel? Der ist einfach mal anders, dazu kräftig und intensiv und passt eben besonders gut zum Schweinebraten."

Überbackenes Kalbssteak
mit Staudensellerie

Rezept für 2 Personen

200 g Staudensellerie
2 Kalbssteaks (à ca. 180 g)
Salz, Pfeffer
2 EL Olivenöl
200 g Bandnudeln
1 EL Butter
100 ml Gemüsebrühe
   (siehe Seite 170)
60 g Gorgonzola
80 ml Sahne

Den Staudensellerie putzen und in dünne Scheiben schneiden. Kalbssteaks mit Salz und Pfeffer würzen und in heißem Olivenöl von beiden Seiten scharf braten. In eine Auflaufform geben und warm halten.

Die Nudeln in Salzwasser bissfest kochen. Währenddessen Staudensellerie in Butter anschwitzen, mit etwas Brühe ablöschen und kurz köcheln lassen. Mit Salz und Pfeffer abschmecken, die Selleriescheiben mit einem Schaumlöffel herausnehmen und auf den Kalbssteaks verteilen. Den Fond für die Sauce beseitestellen. Den Gorgonzola in dünne Scheiben schneiden, das Fleisch damit belegen und unter dem vorgeheizten Backofengrill oder der Oberhitze bei 250 °C überbacken.

Den Bratenansatz mit dem Selleriefond und der Sahne aufkochen, etwas einkochen und mit Salz und Pfeffer abschmecken. Die gekochten Nudeln damit vermischen und zu den Kalbssteaks auf Tellern anrichten.

Otto Koch: „Das ist in der Zubereitung ein ganz leichtes Rezept. Kann jeder machen und noch besser: Es schmeckt jedem!"

Weißweinkutteln

Rezept für 2 Personen

2 Schalotten
500 g vorgekochte Kalbskutteln
2 EL Butter
1 TL Mehl
150 ml trockener Weißwein
500 ml heller Kalbsfond
   (siehe Seite 172)
150 ml Sahne
gemahlener Kümmel
Salz, Pfeffer
50 g kalte Butter
2 EL geschlagene Sahne
1 Bund Schnittlauch

Zu diesem Gericht eignen sich hervorragend Salzkartoffeln, die in Butter angeschwenkt und mit Petersilie bestreut serviert werden.

Die Schalotten schälen und fein würfeln. Kutteln in Streifen schneiden und mit den Schalottenwürfeln in Butter anschwitzen. Mit Mehl bestäuben, mit Weißwein ablöschen sowie mit Kalbsfond aufgießen, aufkochen und einige Minuten köcheln lassen.

Die Sahne zugießen und nochmals alles etwas einkochen lassen. Mit reichlich Kümmel, Salz und Pfeffer abschmecken. Während die Kutteln noch kochen, die kalte Butter unterrühren.

Vor dem Servieren geschlagene Sahne unterheben. Schnittlauch in feine Röllchen schneiden und die Kutteln damit garnieren.

Otto Koch: „Kutteln veranlassen manche Menschen zum Naserümpfen. Ich möchte fast sagen: sie haben einfach diese Art und Weise sie zuzubereiten, noch nicht ausprobiert. Weißweinkutteln sind eine ausgesprochene Spezialität aus meiner Zeit in der Schweiz, die ich nicht missen möchte.“

Kalbsleber
mit Kartoffel-Mais-Plätzchen

Rezept für 2 Personen

Madeirasauce
100 ml brauner Kalbsfond
    (siehe Seite 173)
100 ml Madeira
100 ml Rotwein
1 TL kalte Butter
Salz, Pfeffer

Kartoffel-Mais-Plätzchen
150 g mehligkochende
    Kartoffeln
Salz
1 EL Mehl
1 Ei
50 ml warme Milch
100 g Mais (aus der Dose)
Pfeffer
1 Eiweiß
2 EL Butterschmalz

Kalbsleber
1 Ei
2 Scheiben Kalbsleber
    (à ca.150 g)
1 EL Mehl
3 EL Biskuitbrösel
2 EL Butterschmalz
Salz
grobes Meersalz

🦴 Für die Sauce den Kalbsfond mit Madeira und Rotwein aufkochen und um die Hälfte einkochen. Kurz vor dem Servieren die Sauce mit kalter Butter binden und mit Salz und Pfeffer abschmecken.

🦴 Die Kartoffeln schälen, in Salzwasser kochen, abschütten und gut ausdampfen lassen. Dann durch eine Kartoffelpresse drücken und mit Mehl, Ei und Milch verrühren. Die gut abgetropften Maiskörner unterrühren und mit Salz und Pfeffer würzen. Das Eiweiß steif schlagen und unterheben. Aus dem Teig kleine Küchlein formen, in einer Pfanne mit Butterschmalz ausbacken und warm halten.

🦴 Für die Kalbsleber das Ei verquirlen und die Leberscheiben mit dem Mehl bestäuben. Das Fleisch auf einer Seite durchs Ei ziehen, dann auf dieser Seite mit den Bröseln panieren. In einer Pfanne das Butterschmalz erhitzen, die Leberscheiben darin kurz von beiden Seiten braten und anschließend salzen.

🦴 Zum Anrichten die Kalbsleber mit der nicht panierten Seite auf die Sauce legen, mit grobem Meersalz bestreuen und mit den Kartoffel-Mais-Plätzchen servieren.

Otto Koch: „Ich finde, Zartes gehört einfach zusammen – so wie hier Kalbsleber und Mais. Und es passt auch wunderbar."

Kalbsfilet
aus dem Kräutersud mit Pilzpesto

Rezept für 2 Personen

Pilzpesto
25 g getrocknete Steinpilze
2 Schalotten
1 Bund Petersilie
25 g Walnüsse
20 g frisch geriebener Parmesan
60 ml Olivenöl
Salz, Pfeffer

Kalbsfilet
1 Bund Petersilie
1 Bund Basilikum
1 Bund Dill
1 Bund Schnittlauch
2 Knoblauchzehen
500 ml brauner Kalbsfond
   (siehe Seite 173)
250 ml trockener Weißwein
1 Bund Rosmarin
1 Bund Thymian
4 frische Lorbeerblätter

10 Pfefferkörner
300 g Kalbsfilet
100 g festkochende Kartoffeln
100 g Karotte
100 g Knollensellerie
2 Frühlingszwiebeln
Salz
2 EL Butter
50 ml Gemüsebrühe
   (siehe Seite 170)
Pfeffer

🦴 Für das Pesto die getrockneten Steinpilze ca. 30 Minuten in Wasser einweichen, dann abschütten und grob hacken. Schalotten schälen und ebenfalls grob hacken. Von der Petersilie die Blätter abzupfen.

🦴 Steinpilze zusammen mit Walnüssen, Schalotten, Parmesan, Petersilie und Olivenöl im Mixer zu einem Pesto zerkleinern und mit Salz und Pfeffer abschmecken.

🦴 Für das Kalbsfilet von Petersilie, Basilikum und Dill die Blätter bzw. Spitzen abzupfen und fein hacken; Schnittlauch in feine Röllchen schneiden. Die Knoblauchzehen schälen.

🦴 Kalbsfond aufkochen und mit Weißwein auffüllen. Rosmarin, Thymian, Lorbeer, Pfefferkörner und Knoblauchzehen zugeben. Das Fleisch und die Kräuter in den Sud legen – das Fleisch sollte gerade bedeckt sein – und 20 Minuten ziehen, aber auf keinen Fall kochen, lassen.

🦴 Kartoffeln, Karotte und Sellerie putzen, schälen und in Stäbchen schneiden. Frühlingszwiebeln putzen und in Stücke schneiden. Das Gemüse, die Kartoffeln und die Frühlingszwiebeln separat in kochendem Salzwasser garen, in eiskaltem Wasser abschrecken und gut abtropfen lassen.

🦴 Das gegarte Gemüse und die Kartoffeln in Butter sowie Brühe schwenken, salzen und auf Tellern anrichten. Das Kalbsfilet aufschneiden, mit Salz und Pfeffer würzen und zum Gemüse geben. Mit der Brühe umgießen und mit einem schönen Tupfer Pilzpesto garnieren.

Otto Koch: „Das Kalbsfilet ist ein eher mildes Fleisch, das durch die Kräuter und das Pilzpesto aufgepeppt wird."

Tatar
mit Bratkartoffeln

Rezept für 2 Personen

Bratkartoffeln
300 g festkochende Kartoffeln
Salz
1 kleine Zwiebel
2 EL Butterschmalz
Pfeffer
1 EL fein gehackte Petersilie

Tatar
300 g Rinderfilet
1 Eigelb
1 EL gehackte Schalotte
1 TL gehacktes Cornichon
1 TL gehackte Kapern
1 fein gehacktes Sardellenfilet
1 TL fein gehackte Petersilie
Tabasco
1 Schuss Cognac
Olivenöl
Salz, Pfeffer
1 sehr kleine Zwiebel
2 große Salatblätter

✎ Die Kartoffeln mit der Schale in Salzwasser kochen, abschütten und abkühlen lassen. Zwiebel schälen und fein hacken. Die Kartoffeln pellen, in Scheiben schneiden und in einer Pfanne mit Butterschmalz goldbraun braten. Gehackte Zwiebel zugeben und mitbraten. Mit Salz und Pfeffer abschmecken. Zum Schluss die Petersilie unter die heißen Kartoffeln geben und warm halten.

✎ Für das Tatar das Rinderfilet parieren, durch einen Fleischwolf drehen oder ganz fein schneiden. Mit Eigelb, Schalotte, Cornichon, Kapern, Sardellenfilet und Petersilie gut vermischen. Mit Tabasco, Cognac, Olivenöl, Salz und Pfeffer pikant abschmecken. Die Zwiebel schälen und in Ringe schneiden

✎ Das Tatar jeweils auf einem Salatblatt anrichten, mit den Zwiebelringen garnieren und zu den Bratkartoffeln servieren.

 Otto Koch: „Gibt es etwas Besseres für ‚Lustfresser'? Ich finde nicht!"

Filetspitzen Stroganoff

Rezept für 2 Personen

100 g Reis
350 g Rinderfiletspitzen
1 Essiggurke
2 Schalotten
2 EL Sonnenblumenöl
125 ml trockener Rotwein
125 ml brauner Kalbsfond
   (siehe Seite 173)
Salz, Pfeffer
6 Finger-Möhren
40 g Butter
Zucker
¼ Bund Petersilie
Butter zum Einfetten
1 EL Crème fraîche

🥄 Den Reis nach Packungsanweisung kochen.

🥄 Rinderfiletspitzen in feine Scheiben, Gurke in Streifen schneiden. Schalotten schälen und fein würfeln. In einer heißen Pfanne mit Öl die Filetspitzen anbraten, Schalotten und Gurkenstreifen zugeben und kurz mitbraten. Dann alles in ein Sieb geben und den abtropfenden Sud auffangen. Den Bratenansatz in der Pfanne mit Rotwein ablöschen. Fond zugießen und aufkochen, mit Salz und Pfeffer würzen. Den aufgefangenen Fleischsud in die Sauce geben und einige Minuten auf die gewünschte Konsistenz einkochen. Kurz vor dem Servieren das Fleisch wieder in die Sauce geben und heiß werden lassen. Dann mit Salz und Pfeffer abschmecken.

🥄 Die Finger-Möhren schälen, dabei etwas Grün erhalten und kurz im Ganzen in kochendem Salzwasser bissfest garen, in eiskaltem Wasser abschrecken und abtropfen lassen. In 20 g Butter schwenken, mit Zucker und Salz würzen.

🥄 Von der Petersilie die Blätter abzupfen und fein hacken. Kurz vor dem Anrichten den Reis mit der restlichen Butter erwärmen und salzen. In ein gebuttertes Förmchen oder Kaffeetasse füllen und in die Tellermitte stürzen. Das Fleisch um den Reis anrichten und mit Crème fraîche garnieren. Mit der Petersilie bestreuen und die Möhren dazu servieren.

 Otto Koch: „Das ist ein Klassiker, den sie nach diesem Rezept perfekt hinkriegen."

Rindergulasch

Rezept für 4 Personen

600 g Zwiebeln
2 Knoblauchzehen
1 kg Rindfleisch (aus der Schulter)
2 EL Öl
1 EL Tomatenmark
1 TL Mehl
1 EL edelsüßes Paprikapulver
100 ml Weißwein
400 ml Gemüsebrühe (siehe Seite 170)
½ TL gemahlener Kümmel
½ TL getrockneter Majoran
1 Stück unbehandelte Zitronenschale
Salz, Pfeffer

Als Beilage zum Gulasch eignen sich Semmelknödel, Salzkartoffeln oder aber Nudeln.

Zwiebeln und Knoblauch schälen und alles fein würfeln. Das Fleisch in ca. 1 cm große Würfel schneiden. 1 EL Öl in einem Topf erhitzen und das Fleisch darin portionsweise kurz scharf anbraten. Anschließend aus dem Topf nehmen und beiseitestellen. Restliches Öl erhitzen und die Zwiebelwürfel braten, bis sie glasig sind. Tomatenmark zugeben und mit anschwitzen. Mit dem Mehl bestäuben und kurz mitrösten. Paprikapulver unterrühren und sofort mit Weißwein ablöschen. Fleisch wieder zugeben und mit Brühe auffüllen. Mit Knoblauch, Kümmel, Majoran, Zitronenschale, Salz und Pfeffer würzen. Aufkochen und abgedeckt bei niedriger Hitze ca. 90 Minuten schmoren. Zwischendurch umrühren.

Nach Ende der Garzeit prüfen, ob das Fleisch zart genug ist, wenn nicht, noch einige Minuten nachgaren. Anschließend Zitronenschale entfernen, nochmals abschmecken und anrichten.

Otto Koch: „Wer mag, kann nach der Hälfte der Garzeit Würfel von einer roten Paprikaschote zugeben. Ganz wichtig: deftig abschmecken, vor allem aber lange genug schmoren. Dann ist dieses Gulasch nicht einfach nur Hausmannskost, sondern eine richtig feine Delikatesse."

Rinderroulade

Rezept für 4 Personen

4 Scheiben Rindfleisch (aus
    der Keule oder Oberschale,
    à ca.160 g)
Salz, Pfeffer
1 EL scharfer Senf
8 Scheiben Speck
4 große Essiggurken
350 g Röstgemüse (z. B. Karotte,
    Knollensellerie, Lauch)

2 EL Pflanzenöl
1 EL Tomatenmark
150 ml Rotwein
1 EL Mehl
500 ml brauner Kalbsfond
    (siehe Seite 173)
1 Lorbeerblatt
1 geschälte Knoblauchzehe
10 Pfefferkörner

Dazu passen
Knödel und Rotkraut.

🔪 Das Rouladenfleisch zwischen einem aufgeschnittenen Gefrierbeutel plattieren und mit Salz und Pfeffer würzen. Gleichmäßig auf einer Seite mit Senf bestreichen. Jeweils 2 Speckscheiben der Länge nach auf die mit Senf bestrichenen Seiten legen. Gurken längs in Scheiben schneiden und auf den Speck geben. Die Fleischscheiben einrollen und mit einer Rouladennadel oder einem Holzspieß feststecken. Das Röstgemüse putzen, gegebenenfalls schälen und in Würfel schneiden. Das Öl in einer Pfanne erhitzen. Rouladen von allen Seiten goldbraun darin anbraten, herausnehmen und das Röstgemüse in die Pfanne geben. Unter ständigem Rühren anbraten, bis es eine braune Farbe annimmt.

🔪 Das Tomatenmark zugeben und kurz mit anbraten. Mit einem Drittel des Weins ablöschen und komplett verdunsten lassen. Das Gemüse noch zweimal mit dem Wein ablöschen; jeweils die Flüssigkeit komplett einkochen. Mit Salz und Pfeffer würzen, Mehl darüber stäuben, mit anschwitzen und mit Fond auffüllen. Lorbeerblatt, Knoblauchzehe und Pfefferkörner zugeben.

🔪 Einmal aufkochen, dann die Temperatur reduzieren und die Rouladen wieder in den Sud geben. Abgedeckt bei geringer Hitze ca. 90 Minuten schmoren.

🔪 Mit einer Fleischgabel testen, ob das Fleisch gar ist. Aus der Sauce nehmen und warm halten. Die Sauce passieren, auf die gewünschte Konsistenz einkochen und mit Salz und Pfeffer abschmecken. Die Rouladen mit der Sauce anrichten.

Otto Koch: „Ein Basisrezept, das man kennen und können sollte. Wenn das Fleisch stimmt, kann so eine Roulade es mit jedem Filet aufnehmen. Achten Sie bitte deshalb immer auf die Qualität!"

Tafelspitz vom Rind
mit Sauce Choron

Rezept für 4 Personen

Tafelspitz
450 g Tafelspitz vom Rind
Salz, Pfeffer
grobes Meersalz

Kartoffel-Spargel-Gemüse
350 g festkochende Kartoffeln
4 EL Olivenöl
Salz, Pfeffer
12 Stangen Thaispargel

Sauce Choron
250 g Butter
2 Tomaten
2 Stängel glatte Petersilie
2 Stängel Estragon
1 Bund Schnittlauch
2 Schalotten
50 ml Weißwein
10 ml Essig
1 Eigelb
Salz, Pfeffer
1 Spritzer Zitronensaft
1 Prise Paprikapulver

Den Tafelspitz nur von den Sehnen befreien, nicht jedoch von der Fettschicht an der Oberseite. Zuschneiden, mit Salz und Pfeffer würzen und in einem Bräter auf der Fettschicht stark anbraten, mit dem ausgetretenen Fett übergießen und anschließend im vorgeheizten Backofen bei 75 °C Ober- und Unterhitze ca. 3–4 Stunden garen.

Für das Gemüse die Kartoffeln schälen und in ca. 1 cm große Würfel schneiden. In einer heißen Pfanne mit 3 EL Olivenöl knusprig braten, salzen und pfeffern. Spargel in 3–4 cm große Stücke schneiden und im restlichen Öl anbraten, mit Salz und Pfeffer würzen und mit den Kartoffelwürfeln vermengen.

Für die Sauce Choron Butter in einen Topf geben und klären. Tomaten einritzen, mit kochendem Wasser überbrühen, abschrecken und häuten. Anschließend entkernen und fein würfeln. Von Petersilie und Estragon die Blätter abzupfen und fein hacken, Schnittlauch in feine Röllchen schneiden. Schalotten schälen und fein würfeln. Zusammen mit den Tomaten, Weißwein und Essig in einen Topf geben und um etwas mehr als die Hälfte einkochen. Abkühlen lassen, erst dann das Eigelb hinzugeben – es könnte sonst gerinnen – und über dem Wasserbad schaumig aufschlagen. Anschließend vom Herd nehmen und die warme geklärte Butter langsam unter ständigem Rühren unterrühren. Die Sauce mit Salz, Pfeffer, etwas Zitronensaft, Paprikapulver und den Kräutern würzen.

Das Fleisch aus dem Ofen nehmen und in einer heißen Pfanne von allen Seiten scharf nachbraten. Das Kartoffel-Spargel-Gemüse in die Tellermitte geben. Fleisch in dünne Tranchen schneiden und darauf legen, mit Meersalz bestreuen und mit der Sauce Choron beträufeln.

Otto Koch: „Bei diesem Gericht ist es äußerst wichtig, dass man gut abgehangenes Fleisch bekommt! Die Qualität entscheidet am Ende, ob das Essen schmeckt oder eher nicht."

Lamm & Wild

Lammrücken-Medaillons
in der Kaffeekruste

Rezept für 2 Personen

Lammrücken
3 EL Kaffeebohnen
300 g Lammrücken
Salz, Pfeffer
2 EL Butterschmalz
2 Scheiben geröstetes Toastbrot
2 Champignons
Kakao zum Bestäuben

Sauce
40 ml frisch gepresster Orangensaft
2 Tassen Espresso
200 ml brauner Lammfond (siehe Seite 173)
20 ml brauner Rum
25 g kalte Butter
50 g geschlagene Sahne

Servieren Sie dazu Nudeln, am besten natürlich Kakaonudeln (siehe Seite 65).

Für den Lammrücken die Kaffeebohnen im Mörser oder mit der Unterseite eines Topfs zerdrücken – nicht so fein wie gemahlener Kaffee.

Aus dem Lammrücken zwei gleich große Medaillons schneiden, leicht plattieren und mit Salz und Pfeffer würzen. Danach in den zerdrückten Kaffeebohnen „panieren". In Butterschmalz braten und je ein Medaillon auf eine Scheibe Toast legen. Einige Minuten warm stellen. Die Champignons putzen und in Streifen schneiden.

Für die Herstellung der Sauce das Bratfett aus der Pfanne entfernen. Den Orangensaft in die Pfanne gießen, mit Espresso auffüllen und den Bratenansatz lösen. Lammfond und Rum zugießen, aufkochen und um ein Drittel einkochen. Zuletzt die kalte Butter in kleinen Flocken mit dem Schneebesen unter die Sauce rühren und damit binden.

Vor dem Anrichten die Sauce mit der geschlagenen Sahne vermischen und die Lammmedaillons damit übergießen. Mit Kakao bestäuben und die Champignonstreifen darüber streuen.

Otto Koch: „Klingt ziemlich verrückt, aber zu diesem Gericht hat mich mein Freund Jean-Marie Meulien inspiriert. Er war viele Jahre Küchenchef im legendären Restaurant ‚L'Oasis' in La Napoule."

Lammragout
mit Peperoni und Couscous

Rezept für 2 Personen

Lammragout
100 g Zwiebeln
2 Knoblauchzehen
2 Tomaten
1 Peperoni
300 g Lammfleisch (vom Hals)
5 EL Olivenöl
250 ml Rotwein
250 ml brauner Lammfond
    (siehe Seite 173)
je 2 Zweige Rosmarin und
    Thymian
2 Lorbeerblätter
Salz, Pfeffer
100 g rote Paprikaschote
100 g gelbe Paprikaschote

Couscous
1 Schalotte
100 g Couscous
1 EL Olivenöl
1 Msp. Kreuzkümmel
Salz
180 ml Geflügelfond
    (siehe Seite 172)

✎ Für das Lammragout Zwiebeln und Knoblauch schälen und fein würfeln. Die Tomaten zunächst einritzen, mit kochendem Wasser überbrühen, abschrecken und häuten. Anschließend entkernen und fein würfeln. Peperoni halbieren und die Kerne entfernen. Das Fleisch in kleine Würfel schneiden und in einem flachen Topf mit 3 EL Olivenöl anbraten. Zwiebeln und Knoblauch zugeben und mit anbraten. Danach die Tomaten kurz mit anschwitzen und mit dem Rotwein ablöschen. Mit Lammfond aufgießen, Peperoni sowie Kräuter unterrühren, salzen und pfeffern. Aufkochen, ca. 20 Minuten kochen lassen, mit Salz und Pfeffer abschmecken.

✎ In der Zwischenzeit Paprika – am besten mit einem Sparschäler – schälen, entkernen und fein würfeln. Kurz im restlichen Olivenöl anschwitzen, zum Lammragout geben und noch einige Minuten kochen lassen.

✎ Für den Couscous die Schalotte schälen, fein würfeln und in einem Topf mit Olivenöl anschwitzen. Couscous zugeben und mit Kreuzkümmel und Salz würzen. Mit Geflügelfond auffüllen und 2 Minuten kochen lassen. Dann den Topf vom Herd nehmen und abgedeckt ca. 5 Minuten ziehen lassen.

✎ Das Lammragout mit dem Couscous auf großen Tellern anrichten und servieren.

 Otto Koch: „Dieses Rezept ist ein arabischer Klassiker, den ich hier ein wenig verfeinert habe.“

Lammgeschnetzeltes
mit Ziegenfrischkäse-Knödel

Rezept für 2 Personen

Ziegenfrischkäse-Knödel
125 g Ziegenfrischkäse
125 g Ricotta
1 Ei
Salz, Pfeffer
ca. 2–3 EL Semmelbrösel

Lammgeschnetzeltes
2 Schalotten
1 Knoblauchzehe
400 g Lammfleisch (aus der Keule)
3 EL Olivenöl
50 ml Rotwein
100 ml brauner Lammfond
   (siehe Seite 173)
2 EL Crème fraîche
1 TL Thymianblättchen
1 TL fein gehackter Rosmarin
Salz, Pfeffer
1 TL fein gehackte Petersilie

🐇 Für die Knödel den gut abgetropften Ziegenfrischkäse mit dem Ricotta mischen und mit dem Ei glatt rühren. Mit Salz und Pfeffer würzen und so viel Semmelbrösel zugeben, dass die Masse formbar wird. Daraus kleine Knödel formen. Diese kurz vor dem Anrichten in reichlich siedendem Salzwasser ca. 10 Minuten gar ziehen lassen.
🐇 In der Zwischenzeit für das Geschnetzelte Schalotten und Knoblauch schälen und alles fein würfeln. Das Fleisch in Streifen schneiden, in einer Pfanne mit 2 EL Olivenöl scharf braten und auf ein Sieb geben, dabei den abtropfenden Fleischsaft auffangen. In der Pfanne in dem restlichen Olivenöl Schalotten und Knoblauch anschwitzen, mit Rotwein ablöschen und mit Lammfond aufgießen. Die Flüssigkeit um die Hälfte einkochen, Crème fraîche unterrühren und nochmals etwas einkochen. Den abgetropften Fleischsaft untermischen, aufmixen, Thymian und Rosmarin zugeben und mit Salz und Pfeffer abschmecken.
🐇 Das Fleisch kurz in der Sauce erwärmen – sie sollte aber nicht mehr kochen –, mit Petersilie bestreuen und mit den Knödeln anrichten.

 Otto Koch: „Meiner Meinung nach passt keine Beilage besser zu Lammgeschnetzeltem als ein Ziegenfrischkäse-Knödel."

Lammkeule
mit Schafskäsefüllung

Rezept für 4 Personen

Füllung
2–3 EL Weißbrotbrösel
250 g frischer Schafskäse
    (sollte die Konsistenz
    von Quark haben)
1 Ei
2 gehackte Knoblauchzehen
2 fein gewürfelte Schalotten
2 EL fein gehackte Kräuter
    (z. B. Thymian, Rosmarin,
    Basilikum, Majoran)
Salz, Pfeffer

Lammkeule
150 g Karotten
150 g Knollensellerie
150 g Zwiebeln
ca. 1 kg Lammkeule (so vom
    Metzger ausgelöst, dass der
    Knochen aus der Keule
    herausgeschnitten, aber das
    Fleisch der Keule zusammen-
    hängend ist. Die Knochen
    in 3 cm große Stücke hacken
    lassen)
Salz, Pfeffer
3 EL Sonnenblumenöl
2 Lorbeerblätter

2 Zweige Rosmarin
2 Zweige Thymian
500 ml Rotwein
1 kg neue Kartoffeln

Paprikagemüse
1 rote Paprikaschote
1 gelbe Paprikaschote
1 grüne Paprikaschote
2 Tomaten
3 Schalotten
1 Knoblauchzehe
2 EL Olivenöl
Salz, Pfeffer

🔪 Die Zutaten für die Füllung miteinander vermischen und pikant mit Salz und Pfeffer abschmecken.

🔪 Für die Lammkeule das Gemüse und die Zwiebeln putzen, schälen und grob würfeln. Die Lammkeule von beiden Seiten kräftig mit Salz und Pfeffer würzen. Die Füllung auf die Innenseite der Lammkeule streichen und das Fleisch „zusammenfalten". Mit Küchengarn schön fest binden und nochmals außen würzen. In einem Bräter zusammen mit den Knochen in Öl gut scharf anbraten.

🔪 Wenn die Knochen und die Lammkeule etwas Farbe angenommen haben, das Gemüse und die Zwiebeln zugeben und mitbraten. Mit Salz und Pfeffer würzen, Kräuter zugeben, mit Rotwein ablöschen und mit 500 ml Wasser auffüllen und aufkochen. Abgedeckt im vorgeheizten Backofen bei 150 °C Ober- und Unterhitze ca. 4–5 Stunden schmoren. Dabei alle 15 Minuten mit dem Bratenfond übergießen. Die Lammkeule sollte komplett durch und weich geschmort sein.

🔪 Währenddessen die Kartoffeln gut bürsten oder schälen und die letzte halbe Stunde zum Fleisch geben, damit sie sich mit dem Saft richtig vollsaugen können, bis sie gar sind. Wenn das Fleisch und die Kartoffeln fertig sind, herausnehmen und warm halten. Den Sud passieren, gegebenenfalls bis zur gewünschten Konsistenz einkochen und abschmecken. Das Fleisch wieder zugeben und bis zum Servieren warm halten.

🔪 Für das Gemüse die Paprikaschoten putzen und in 3–4 cm lange Stifte schneiden. Die Tomaten einritzen, mit kochendem Wasser überbrühen, abschrecken und häuten. Anschließend entkernen und fein würfeln. Schalotten und Knoblauch schälen. Beides fein hacken und zusammen mit den Paprikastiften in Olivenöl anschwitzen. Dann die Tomatenwürfel zugeben und so lange garen, bis die Tomatenwürfel „geschmolzen" sind und das Paprikagemüse dadurch leicht bindet. Mit Salz und Pfeffer abschmecken.

🔪 Zum Anrichten die Lammkeule vorsichtig – am besten mit einem scharfen Sägemesser – in Scheiben schneiden. Auf Tellern verteilen, mit dem Paprikagemüse sowie den Kartoffeln anrichten und das Fleisch mit der Sauce übergießen.

Otto Koch: „Der Schafskäse in der Füllung unterstreicht ganz dezent den Lammgeschmack des Fleischs, deshalb eignet er sich hierfür so perfekt."

Wildschweinfrikadellen
auf Rotkrautsalat

Rezept für 2 Personen

Rotkrautsalat
250 g frisch gehobeltes Rotkraut
1 fein gewürfelte Zwiebel
Salz, Pfeffer
2 EL Rotweinessig
4 EL Olivenöl

Frikadellen
1 kleines Brötchen vom Vortag
60 ml warme Milch
1 Zwiebel
1 Knoblauchzehe
1 EL Butter
250 g Wildschweinhackfleisch
1 EL gehackte Petersilie
Salz, Pfeffer
1 TL scharfer Senf
1 EL Butterschmalz
200 ml brauner Kalbsfond
    (siehe Seite 173)

Dazu passt
noch geröstetes Brot.

🐾 Das Rotkraut mit der Zwiebel, Salz, Pfeffer, Essig und Öl kräftig verkneten und durchziehen lassen. Vor dem Servieren nochmals abschmecken.

🐾 Für die Frikadellen das Brötchen in der Milch einweichen. In der Zwischenzeit Zwiebel und Knoblauch schälen, fein würfeln und in einer Pfanne in Butter dünsten und etwas abkühlen lassen. Dann mit dem Hackfleisch, dem ausgedrückten und zerpflückten Brötchen sowie der Petersilie vermengen. Mit Salz, Pfeffer sowie dem Senf würzen. Mit feuchten Händen 2 Frikadellen formen, in Butterschmalz von beiden Seiten braten, herausnehmen und warm halten. Ganz wichtig: Das Fleisch muss durchgebraten sein. Den Bratenansatz mit Fond aufgießen, auf die gewünschte Konsistenz einkochen und mit Salz und Pfeffer abschmecken.

🐾 Rotkrautsalat auf Tellern anrichten, je eine Wildschweinfrikadelle daneben legen und die Sauce dazu anrichten.

 Otto Koch: „Vorsicht bitte: Diese Frikadellen müssen wirklich gut durchgebraten sein."

Wildschwein-Bolognese

Rezept für 4 Personen

1 Karotte
2 Zwiebeln
1 Stange Staudensellerie
800 g reife Tomaten
   (alternativ geschälte
   Tomaten aus der Dose)
1 kleine rote Chilischote
2 Knoblauchzehen
3 EL Olivenöl
500 g Wildschweinhackfleisch
1 EL Tomatenmark
100 ml Rotwein
200 ml Gemüsebrühe
   (siehe Seite 170)
1 Lorbeerblatt
Zucker
Salz, Pfeffer

Zu der Wildschwein-Bolognese passen natürlich am besten Nudeln.

🥄 Die Karotte und die Zwiebeln putzen und schälen. Den Staudensellerie putzen und alles fein würfeln. Tomaten mit kochendem Wasser überbrühen, abschrecken und häuten. Die Kerne entfernen und in Viertel schneiden. Die Chilischote halbieren, die Kerne entfernen und fein hacken. Knoblauch schälen und ebenfalls fein hacken. Öl in einer tiefen Pfanne oder einem Topf erhitzen und das Hackfleisch darin kurz scharf braten.

🥄 Karotten-, Staudensellerie- und Zwiebelwürfel, Chili und Knoblauch zugeben und mit anbraten, bis das Fleisch anfängt zu zerfallen.

🥄 Das Tomatenmark zugeben und mit anschwitzen. Mit Rotwein ablöschen und einkochen lassen. Die Tomatenviertel, die Brühe und das Lorbeerblatt zugeben. Die Sauce ca. 1 Stunde bei schwacher Hitze leicht köcheln lassen, dabei immer wieder umrühren. Anschließend das Lorbeerblatt entfernen und mit 1 Prise Zucker, Salz und Pfeffer abschmecken.

Otto Koch: „Eine Fleischsauce, die mit Wildschwein gemacht und pikant abgeschmeckt wird, ist wirklich mal etwas ganz anderes und schmeckt besonders gut. Keine Angst, es schmeckt nicht irgendwie ‚wild'. Probieren Sie es einfach mal aus. Wildschwein können Sie in vielen Regionen direkt bei Jägern und Förstern erhalten."

Rehmedaillons
mit Kürbischutney

Rezept für 2 Personen

Kürbischutney
400 g Kürbis
   (z. B. Muskatkürbis)
Salz
2 Schalotten
30 g Butter
125 ml Weißwein
5 Gewürznelken
½ Zimtstange
1 EL Zucker
Salz, Pfeffer

Rehmedaillons
2 Schalotten
2 kleine Steinpilze (oder Stein-
   champignons)
300 g Rehrücken
1 gut gewässertes Schweinenetz
Salz, Pfeffer
40 g Butter
125 ml Rotwein
125 ml brauner Wildfond
   (siehe Seite 173)
Himbeeressig

Dazu passen in Scheiben geschnittene und in Butter gebratene Semmelknödel besonders gut.

Für den Chutney den Kürbis schälen, entkernen, würfeln, in kochendem Salzwasser garen und in eiskaltem Wasser abschrecken. Die Schalotten schälen, fein hacken und in Butter anschwitzen. Kürbiswürfel zugeben und kurz mit anschwitzen. Mit Weißwein ablöschen und mit 125 ml Wasser aufgießen. Nelken, Zimt und Zucker zugeben, abgedeckt weich kochen, Zimtstange und Nelken entfernen und mit einer Gabel zerdrücken. Am Schluss mit wenig Salz und Pfeffer abschmecken.

Für die Medaillons Schalotten schälen und fein hacken. Die Pilze putzen und in Scheiben schneiden. Rehrücken parieren und in zwei Portionsmedaillons schneiden. Das Schweinenetz in zwei entsprechend große Stücke schneiden – sodass die Medaillons eingepackt werden können. Den Rehrücken mit Salz und Pfeffer würzen, mit Steinpilzscheiben belegen und vorsichtig in das Schweinenetz hüllen.

30 g Butter in einer Pfanne heiß werden lassen, die Rehmedaillons mit der Unterseite hineinlegen und im vorgeheizten Backofen bei 200 °C Ober- und Unterhitze ca. 8 Minuten rosa braten. Danach herausnehmen und abgedeckt noch einige Minuten ziehen lassen.

Den Bratenansatz mit Rotwein und Wildfond aufgießen und auf die gewünschte Konsistenz einkochen. Mit der restlichen Butter binden. Danach mit Salz, Pfeffer und 1 Spritzer Himbeeressig abschmecken.

Die Medaillons mit der Sauce und dem Chutney auf großen Tellern anrichten.

Otto Koch: „Reh halte ich wirklich für das Feinste vom Wild – speziell mit einer so samtig-weichen Sauce."

Rehpfeffer

Rezept für 2 Personen

(1–2 Tage Marinierzeit)

Marinade
50 g Knollensellerie
50 g Karotte
50 g Zwiebel
50 g Lauch
500 ml kräftiger
   trockener Rotwein
3 Lorbeerblätter
10 Wacholderbeeren
10 Pfefferkörner

Rehkeule
400 g Rehkeule
2 EL Pflanzenöl
1 EL Tomatenmark
1 EL Mehl
1 EL Dijon-Senf
125 ml brauner Wildfond
   (siehe Seite 173)
Salz, Pfeffer
1–2 EL kalte Butter

Garnitur
3 Scheiben Bauchspeck
10 kleine Champignons
3 EL Silberzwiebeln
1 EL gehackte Petersilie
1 EL Pflanzenöl
Salz, Pfeffer

Zu dem Gericht passen
sehr gut Spätzle
oder andere Nudeln.

Für die Marinade Sellerie, Karotte und Zwiebel putzen und schälen. Lauch putzen und alles fein würfeln. Die vorbereiteten Zutaten mit dem Wein und den Gewürzen vermischen.

Das Fleisch in ca. 4 cm große Würfel schneiden und kalt gestellt 1–2 Tage in der Marinade ziehen lassen.

Das Fleisch sowie das Gemüse passieren und die Marinade dabei auffangen. Die Gewürze entfernen und die Marinade beiseitestellen. Fleisch und Gemüse trocken tupfen und in einem Topf mit heißem Öl anbraten, bis es Farbe angenommen hat. Tomatenmark zugeben und 1 Minute mit anbraten. Mit Mehl bestäuben und mit der Marinade ablöschen. Gut verrühren, Senf und Fond zugeben und 10 Minuten köcheln lassen.

Dann das Fleisch herausnehmen und den Rest etwas einkochen lassen. Anschließend die Sauce passieren, mit Salz und Pfeffer abschmecken, etwas einkochen und mit der kalten Butter binden. Das Fleisch wieder zugeben und heiß werden lassen.

Den Speck in Streifen schneiden. Die Champignons putzen. Speck und Champignons in Öl anschwitzen, die abgetropften Silberzwiebeln und die Petersilie zugeben. Mit Salz und Pfeffer abschmecken.

Das Ragout auf großen Tellern anrichten und mit dem Speck, Silberzwiebeln und Champignons bestreuen.

 Otto Koch: „Als geeignetes begleitendes Getränk empfehle ich hier einen jungen Chianti Classico, der noch die nötige Frische hat."

Hirschrücken
mit Schokoladensauce

Rezept für 4 Personen

4 Hirschrückenmedaillons (à ca. 150 g)
Salz, Pfeffer
2 EL Butter
25 g Ingwer
500 ml brauner Wildfond (siehe Seite 173)
20 ml Balsamico-Essig
50–75 g Zartbitterschokolade

Mit in Butter gebratenen Schupfnudeln servieren.

 Die Hirschmedaillons mit Salz und Pfeffer würzen. Behutsam in Butter braten, sodass das Fleisch rosa bleibt. Ingwer schälen, fein reiben und in Wildfond und Balsamico-Essig ca. 15 Minuten auf die gewünschte Konsistenz einkochen.

Vorsichtig nur so viel Schokolade einrühren, dass man sie gerade eben schmeckt. Das Fleisch auf Tellern anrichten und die Sauce darüber geben.

Otto Koch: „Als ich das erste Mal den Vorschlag machte, Wild mit Schokoladensauce zu servieren, haben mich meine Mitarbeiter in der Küche für verrückt erklärt. Bis sie das Gericht probierten. Danach waren alle begeistert."

Desserts

Joghurtmousse
mit Granatapfelsauce

Rezept für 4 Personen

Joghurtmousse
3 Blatt Gelatine
1 Vanilleschote
400 g Joghurt
4 EL Puderzucker
1 EL Zitronensaft
250 ml Sahne

Granatapfelsauce
3 reife Granatäpfel
100 ml trockener Rotwein
1 EL Zucker
50 g Honig

Garnitur
4 Minzespitzen

🥄 Für die Mousse zunächst die Gelatine in kaltem Wasser einweichen. Die Vanilleschote längs halbieren und das Mark herauskratzen. Joghurt mit Puderzucker, Vanillemark und dem Zitronensaft gut verrühren.

🥄 Die ausgedrückte Gelatine in einem kleinen Topf auflösen. Topf vom Herd nehmen, 2 EL Joghurtmasse zugeben und gut mischen, dann alles unter die restliche Masse rühren.

🥄 Die Sahne steif schlagen. Wenn die Masse beginnt fest zu werden, vorsichtig die Sahne unterheben. In Portions-schälchen oder Gläser füllen und kalt gestellt gelieren lassen.

🥄 Für die Sauce die Kerne aus den Granatäpfeln auslösen und ein Drittel davon auspressen. Dazu die Kerne vor-sichtig durch ein Sieb streichen. Den Saft und die restlichen Kerne mit etwas Rotwein erwärmen. Zucker und Honig zugeben, auflösen lassen und kalt stellen.

🥄 Die Mousse mit der Granatapfelsauce anrichten und mit Minze garnieren.

 Otto Koch: „Zu diesem Dessert schmeckt mir ein Moscato d'Asti aus Norditalien am besten."

Weiße Schokoladenmousse
in der Schokoladeneierschale
mit Mangopüree

„Eierschalen"
200 g Halbbitter-Kuvertüre
4 kleine stabile Luftballons

Weiße Schokoladenmousse
3 Eigelb
50 g Zucker
200 g weiße Schokolade
125 ml Sahne
4 Eiweiß

Mangopüree
100 g frisches Mangofruchtfleisch
1 Spritzer Zitronensaft

Für die Eierschalen zwei Drittel der Kuvertüre klein hacken und über einem Wasserbad unter ständigem Rühren langsam schmelzen. Dann die restliche Kuvertüre zugeben und unter ständigem Rühren auf ca. 31 °C erwärmen, dabei die Temperatur mit einem Thermometer kontrollieren.

Als Sockel für das Ei auf einen Teller ungefähr zwei Esslöffel Kuvertüre geben und etwas antrocknen lassen. Luftballons aufblasen, sodass sie einen Durchmesser von 6–8 cm haben und verknoten. Ballons gründlich abspülen und trocknen lassen. In die flüssige Kuvertüre eintauchen und auf den Sockel auf dem Teller setzen. Die Kuvertüre fest werden lassen. Mit einer Schere das obere Ende der Ballons einschneiden, Luft entweichen lassen. Ballons vorsichtig auslösen, damit die Schokoladen-"Eierschale" nicht zerbricht.

Für die Mousse die Eigelbe mit dem Zucker schaumig rühren. Die weiße Schokolade über dem Wasserbad schmelzen und die Sahne steif schlagen. Geschmolzene Schokolade mit dem aufgeschlagenen Eigelb mischen und die Sahne behutsam unterheben. Eiweiß sehr steif schlagen und ebenfalls vorsichtig unter die weiße Schokoladenmasse heben. Die Creme in die Schokoschalen füllen, kalt stellen und fest werden lassen.

In der Zwischenzeit das Mangofruchtfleisch pürieren, durch ein Sieb streichen und mit Zitronensaft abschmecken.

Vor dem Servieren das Püree als optischen Dotter über die Schokoladenmousse geben.

 Otto Koch: „Achten Sie bitte beim Einkaufen darauf, dass die Eier sehr frisch sind."

Kirschvariation

Marinade
30 ml Kirschwasser
20 ml Maraschino
30 ml Kirschlikör
1–2 EL Zucker
500 g große Herzkirschen

Sorbet
250 ml Kirschsaft
Saft von ½ Zitrone
75–125 g Zucker, je nach Süße des Safts

Garnitur
4 Minzespitzen

Die Marinade aus den angegebenen Zutaten zubereiten. Die Kirschen entsteinen und für ca. 3 Stunden in der Marinade ziehen lassen.

Für das Sorbet den Kirschsaft mit Zitronensaft und Zucker abschmecken. Er darf nicht zu süß, aber auch nicht zu sauer sein, da die Konsistenz auch vom Zuckeranteil abhängt. Die Masse in einer Eismaschine oder im Gefrierschrank gefrieren.

Die Kirschen auf Tellern anrichten und mit der Marinade übergießen. Eine Kugel Sorbet in die Mitte geben und mit Minze garnieren.

Otto Koch: „Kirschsaison ist je nach Region von Juni bis August. Dieser Nachtisch mit frischen süßen und saftigen Herzkirschen bedeutet stets Genuss pur."

Marinierte Beeren
mit Mandelbögen

Rezept für 4 Personen

Mandelbögen
50 g gemahlene Mandeln
50 g Puderzucker
2 Eiweiß
10 g Mehl
1 Msp. abgeriebene Zitronenschale

Marinierte Beeren
1 Prise Zimt
1 EL Zucker
50 ml Orangensaft
20 ml Orangenlikör
300 g frische Beeren
       (z. B. Brombeeren, Himbeeren,
       Johannisbeeren)

Garnitur
2 EL Crème fraîche
Puderzucker zum Bestäuben
4 Minzespitzen

🍴 Die Mandeln mit dem Puderzucker und mit so viel Eiweiß wie nötig zu einer festen, aber streichfähigen Masse rühren. Mehl zugeben und mit Zitronenschale und Zimt abschmecken. Auf einem Backpapier 20 cm lange, 6–8 cm breite und 2 mm starke Teigstreifen aufstreichen.

🍴 Im vorgeheizten Backofen bei 180 °C Ober- und Unterhitze in ca. 8 Minuten goldgelb ausbacken, dann die Teigstreifen vorsichtig lösen und über einer Flasche gebogen erkalten lassen.

🍴 Für die Beeren Zucker, Orangensaft und -likör mischen. Kurz vor dem Servieren die Beeren damit marinieren und in Suppentellern anrichten. Einen Klecks Crème fraîche in die Mitte geben, einen Mandelbogen darüber legen, mit Puderzucker bestäuben und mit der Minze garnieren.

Otto Koch: „Ich empfehle hierzu immer einen halbtrockenen Winzersekt, dieser harmoniert ganz wunderbar mit dem Aroma der Beeren."

Schneeballen
mit Karamellcreme

Rezept für 4 Personen

Schneeballen
3 Eiweiß
50 g Zucker
1 l Milch zum Garen

Karamellcreme
1 Vanilleschote
250 ml Milch
50 g Zucker
6 Eigelb

Garnitur
1 EL gehackte Pistazien

🐾 Für die Schneeballen Eiweiß zu steifem Schnee schlagen, dabei nach und nach 35 g Zucker einrieseln lassen. Mithilfe von 2 Esslöffeln daraus Nocken formen und diese von beiden Seiten jeweils 2–3 Minuten in der mit 15 g Zucker gesüßten, leicht simmernden Milch abgedeckt garen. Herausnehmen und zum Abtropfen auf ein feuchtes Tuch oder Folie legen. Je nach Belieben auskühlen lassen oder warm halten.

🐾 Für die Creme die Vanilleschote aufschneiden, das Mark herauskratzen und mit der Milch aufkochen. In einem separaten Topf Zucker karamellisieren und noch heiß vorsichtig mit einem Schneebesen in die Milch einrühren.

🐾 Die Eigelbe glatt rühren und langsam unter ständigem Rühren in die Vanillemilch geben. Nicht mehr kochen lassen! So lange erhitzen, bis die Creme ausreichend erhitzt worden ist und bindet. Durch ein Sieb passieren und warm oder kalt servieren.

🐾 Die Karamellcreme auf Desserttellern anrichten und die Schneeballen darauf setzen.

🐾 Mit den Pistazien bestreuen und servieren.

Otto Koch: „Mir gefällt hier der Kontrast zwischen der Leichtigkeit des Schneeballens und der Süße der Karamellcreme."

„Wiener Schnitzel" von der Melone
mit Bananensalat

Rezept für 2 Personen

„Wiener Schnitzel"
½ Honigmelone
Zucker
2 Eier
100 g fester Biskuit oder Toastbrot
Mehl zum Wenden
2 EL Butter

Bananensalat
½ Zitrone
1 Stängel Minze
1 große Banane
1 EL Zucker
150 g Joghurt

Garnitur
2 Minzespitzen

Mit Preiselbeerkompott
servieren.

🐾 Die Melone schälen, entkernen, in 4 ca. 1 cm dicke Scheiben schneiden und je nach vorhandener Süße zuckern. Die Eier verquirlen und den Biskuit oder das Toastbrot fein zerbröseln. Die Melonenscheiben in Mehl wenden, durch das verquirlte Ei ziehen und in den Bröseln panieren. Die Melonenschnitzel in einer Pfanne mit Butter ausbacken, bis sie goldgelb sind.

🐾 Für den Bananensalat den Saft der Zitrone auspressen. Von der Minze die Blätter abzupfen und fein hacken. Banane schälen, in dicke Scheiben schneiden, mit Zucker bestreuen und mit etwas Zitronensaft beträufeln. Joghurt und Minze zugeben und untermengen.

🐾 Die „Melonenschnitzel" mit dem Bananensalat anrichten und mit Minze garnieren.

 Otto Koch: „Der Clou: Von einem echten Wiener Schnitzel mit Kartoffelsalat ist das süße Melonenschnitzel auf den ersten Blick nicht zu unterscheiden. Der Überraschungseffekt dürfte entsprechend groß sein!"

Apfelküchle
mit Lebkuchensauce

Apfelküchle
4 leicht säuerliche Äpfel (z. B. Boskop)
Zitronensaft
20 ml Kirschwasser
1 EL Zucker
200 g Mehl
1 EL Sonnenblumenöl
2 Eier
200 ml Wasser, Bier oder Wein
Salz
Pflanzenfett zum Frittieren
etwas Zimtzucker

Lebkuchensauce
50 g brauner Lebkuchen
200 ml Milch
1 Vanilleschote
30 g Zucker
1 Eigelb

🥄 Für die Küchle die Äpfel schälen, mit einem Ausstecher das Kerngehäuse entfernen und in 8 mm dicke Scheiben schneiden. Apfelscheiben mit Zitronensaft beträufeln, mit Kirschwasser und Zucker vermischen und ca. 30 Minuten ziehen lassen.

🥄 Für den Backteig Mehl, Öl, Eier, Wasser – oder Bier oder Wein – und Salz in eine Schüssel geben und mit einem Schneebesen oder Mixer gut verrühren. Die Apfelscheiben durch den Teig ziehen und im heißen Fett goldbraun ausbacken. Anschließend auf Küchenpapier abtropfen lassen.

🥄 Für die Sauce den Lebkuchen fein zerkrümeln oder würfeln. Die Milch aufkochen. Vanilleschote längs halbieren und das Mark herauskratzen. Vanillemark mit Zucker sowie Eigelb vermischen und unter Rühren in die kochend heiße Milch geben. Einmal kurz aufkochen lassen, von der Kochstelle nehmen und unter ständigem Rühren den Lebkuchen untermischen. Die Sauce einige Minuten ziehen lassen und kurz durchmixen.

🥄 Zum Anrichten die gebackenen Apfelscheiben mit Zimtzucker bestreuen und mit der Sauce umgießen.

 Otto Koch: „Natürlich kann man dieses Dessert in der gesamten Winterzeit essen, besonders lecker ist es aber – wie ich finde – in der Advents- und Weihnachtszeit."

Zwetschgenknödel

Rezept für 2 Personen

8 getrocknete Zwetschgen
   (ohne Stein)
20 ml Zwetschgenwasser
300 g mehligkochende Kartoffeln
Salz
80 g Butter
2 Eigelb
3–4 EL Mehl
2 EL Weizengrieß
4 Zuckerwürfel
Zucker
50 g Semmelbrösel

🐾 Die Zwetschgen in etwas Zwetschgenwasser (oder Wasser) einlegen und abgedeckt ziehen lassen.

🐾 Kartoffeln mit der Schale in leicht gesalzenem Wasser kochen, abschütten, pellen und ausdampfen lassen. Kartoffeln durch eine Presse drücken und mit 30 g Butter, Eigelben, Mehl, Salz und Weizengrieß zu einem festen Teig verkneten. Zur Probe etwas von dem Teig in kochendes Wasser geben und, falls die Masse nicht gut halten sollte, noch etwas Mehl hinzugeben. Den Teig einige Minuten ruhen lassen.

🐾 Zwischen 2 Zwetschgen jeweils einen Zuckerwürfel geben. Teig in 4 Portionen teilen, jeweils 2 Zwetschgen damit umhüllen und zu runden Knödeln formen. Reichlich Wasser mit je 1 Prise Zucker und Salz in einem großen Topf aufkochen. Die Temperatur reduzieren, Knödel einlegen und knapp 10 Minuten gar ziehen lassen.

🐾 Die restliche Butter in einer Pfanne schmelzen. Die Brösel und etwas Zucker darin anrösten.

🐾 Die Knödel mit einer Schaumkelle aus dem Wasser heben, abtropfen lassen und mit Butterbröseln anrichten.

Otto Koch: „Das, was den getrockneten Zwetschgen an Wasser entzogen wurde, fügen wir durch Zwetschgenwasser wieder hinzu. So werden sie wieder schön saftig; das geht übrigens auch, wenn man statt des Alkohols einfach nur Wasser verwendet."

Mohnnudeln
mit Kirschkompott

Rezept für 4 Personen

Nudelteig
200 g Mehl
1 Ei
1 TL Olivenöl
Salz
Mehl zum Bearbeiten
1 Eigelb

Kirschkompott
300 g frische Sauerkirschen
1 Spritzer Zitronensaft
1 EL Puderzucker

Füllung
100 g gemahlener Mohn
100 g abgetropfter Quark
1 Eigelb
30 g gemahlene Hasel-
    oder Walnüsse
1 TL Vanillezucker
½ TL abgeriebene Zitronenschale
1 Spritzer Zitronensaft
50 g Puderzucker
1 Spritzer Rum

Garnitur
50 g heiße Butter
Zimt
Puderzucker
4 Minzespitzen

🐾 Aus Mehl, 50 ml Wasser, Ei, Öl und 1 Prise Salz einen Nudelteig kneten, in Frischhaltefolie einschlagen und 1 Stunde ruhen lassen.

🐾 In der Zwischenzeit die Kirschen entsteinen, mit Zitronensaft und Puderzucker marinieren.

🐾 Für die Füllung Mohn mit Quark, Eigelb und Nüssen vermischen. Mit Vanillezucker, Zitronenschale, -saft, Puderzucker und Rum abschmecken.

🐾 Dann den Teig auf einer bemehlten Arbeitsfläche mithilfe einer Nudelmaschine oder einem Nudelholz dünn ausrollen. Aus dem Teig Kreise mit 8 cm Durchmesser ausstechen. Je 1 TL Mohnfüllung darauf geben, den Rand mit Eigelb bepinseln, zu einem Halbkreis falten und die Ränder fest andrücken.

🐾 Mohnnudeln 2–4 Minuten in kochendem Wasser mit wenig Salz garen, bis sie an die Oberfläche steigen. Mit einem Schaumlöffel herausnehmen und abtropfen lassen. Auf Tellern anrichten, mit heißer Butter beträufeln und anschließend mit Zimt und Puderzucker bestreuen. Dazu das Kirschkompott reichen und mit Minze garnieren.

 Otto Koch: „Keine Regel ohne Ausnahme. Obwohl ich ja sonst nur für ganz frische Zutaten bin, können sie hier statt der frischen Kirschen auch welche aus dem Glas verwenden. Diese nur gut abtropfen lassen und wie im Rezept beschrieben verarbeiten."

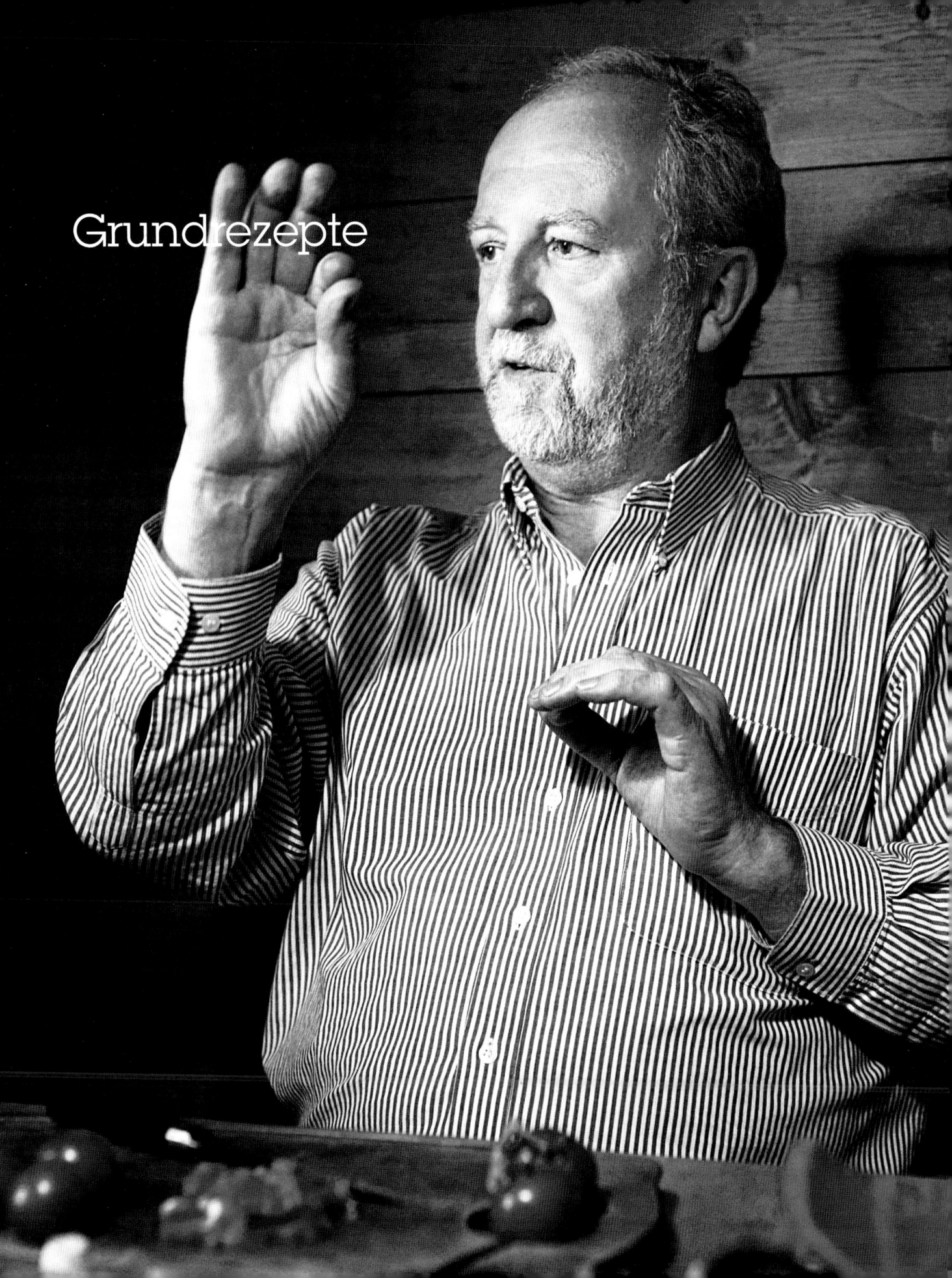

Grundrezepte

Gemüsebrühe

Für ca. 1 Liter

1 große Zwiebel
3 Knoblauchzehen
2 Karotten
100 g Staudensellerie
1 Fenchel
2 Stangen Lauch
200 g Pilze (z. B. Austernpilze)
3 EL Olivenöl
1,5 l Wasser
2 Lorbeerblätter
6 Stängel glatte Petersilie
3 Nelken
1 EL Salz
10 weiße Pfefferkörner

Die Zwiebel schälen und würfeln. Knoblauchzehen ebenfalls schälen und leicht andrücken. Karotten und Sellerie putzen und schälen. Fenchel und Lauch putzen. Pilze ebenfalls putzen und alles grob würfeln.

Zwiebelwürfel in Olivenöl kurz anschwitzen. Das Gemüse und die Knoblauchzehen zugeben und kurz mit anschwitzen.

Den Topf mit dem Wasser auffüllen. Lorbeerblätter, Petersilienstängel, Nelken sowie Salz und Pfefferkörner zugeben und kurz aufkochen. 20 Minuten leise köcheln lassen.

Vom Herd nehmen und 20 Minuten ziehen lassen. Alles durch ein Sieb passieren, dabei nur leicht anpressen, abkühlen lassen und kalt stellen.

Fischfond

Für ca. ½ Liter

50 g Knollensellerie
50 g Karotte
50 g Weißes vom Lauch
50 g Schalotten
375 ml trockener Weißwein
250 g Gräten und Abschnitte von hellfleischigen Fischen
250 ml Wasser
5 weiße Pfefferkörner
Salz

🔪 Sellerie, Karotte, Lauch und Schalotten putzen, gegebenenfalls schälen und alles in Scheiben schneiden. Zusammen mit den restlichen Zutaten in einem Topf aufkochen und ca. 30 Minuten leicht köcheln lassen.

🔪 Abschäumen und zum Schluss vorsichtig durch ein feines Tuch passieren. Anschließend abkühlen lassen und kalt stellen.

Heller Fond
von Geflügel oder Kalb

Für ca. 1 Liter

1 Zwiebel
1 Nelke
1 Lorbeerblatt
2 Karotten
½ Knollensellerie
1 Stange Lauch
1,5 kg Kalbs- oder Geflügelknochen (vom Metzger zerteilen lassen)
2 l Wasser
10 Pfefferkörner
1 Bund Petersilie
1 Zweig Thymian
500 ml trockener Weißwein

🍃 Die Zwiebel schälen, mit der Nelke und dem Lorbeer spicken. Karotten und Sellerie putzen und schälen. Lauch putzen und alles grob würfeln. In einem großen Topf die Knochen im Wasser aufkochen und abschäumen.
🍃 Pfefferkörner zerstoßen und zusammen mit den restlichen Zutaten zugeben. 3–4 Stunden sanft köcheln lassen, dabei hin und wieder entfetten.
🍃 Am Ende der Kochzeit durch ein Tuch passieren, abkühlen lassen und kalt stellen.

Brauner Fond von Kalb, Lamm
Geflügel oder Wild

Für ca. 1 Liter

2 Zwiebeln
1 Knoblauchzehe
2 Karotten
½ Knollensellerie
½ Stange Lauch
1,5 kg Knochen vom jeweiligen Tier (vom Metzger zerteilen lassen)
100 ml Pflanzenöl
750 ml trockener Rotwein
2 l Wasser
10 Pfefferkörner
1 Zweig Rosmarin
1 Zweig Thymian
1 Lorbeerblatt

🔖 Zwiebeln, Knoblauch, Karotten und Sellerie putzen, schälen und alles würfeln. Den Lauch putzen und in Scheiben schneiden. Die Knochen in einem großen Topf oder Bräter in Öl anbraten. Wenn die Knochen Farbe angenommen haben, alle Gemüse zugeben und diese ebenfalls anbraten. Weiter rühren, bis das Gemüse schön braun ist.

🔖 Mit Rotwein ablöschen und den Bratenansatz mit einem Holzspatel vom Pfannenboden lösen. Mit Wasser aufgießen, Pfefferkörner zerstoßen und zusammen mit den Kräutern zugeben.

🔖 Im Backofen 4 Stunden leise köcheln lassen, zwischendurch immer wieder entfetten. Sollte der Flüssigkeitsspiegel so weit sinken, dass die Knochen nicht mehr bedeckt sind, etwas Wasser nachfüllen.

🔖 Am Ende der Kochzeit den Fond durch ein feines Sieb passieren und weiter reduzieren. Dann abermals durch ein feines Tuch passieren und – falls erforderlich – abschäumen und entfetten. Die Flüssigkeit auf 1 l einkochen, abkühlen lassen und kalt stellen.

Danksagung

Mein aufrichtig empfundener Dank geht an alle Gäste und Freunde, deren Begeisterung für mich Ansporn ist, stetig weiterzumachen und Neues zu entdecken. Und was wäre ich bei meiner täglichen Arbeit ohne meine Teams, ohne deren unermüdlichen Einsatz und Engagement, deren Unterstützung und konstruktive Kritik? Deshalb allen Mitarbeitern hiermit ein herzliches Dankeschön!

Euer Otto Koch

Impressum

Kochen mit Otto Koch

Lizenziert durch SWR Media Services GmbH

Herausgeber: Ralf Frenzel
© 2009
Tre Torri Verlag GmbH, Wiesbaden
www.tretorri.de

Idee, Konzeption und Umsetzung:
CPA! Communications- und Projektagentur GmbH, Wiesbaden
www.cpagmbh.de
Die CPA! ist Mitglied der Deutschen Akademie für Kulinaristik und fördert Slow Food Deutschland e.V.

SWR Media Services GmbH Projektleitung: Benedikt Meyer, Baden Baden
Redaktion ARD-Buffet – Südwestrundfunk: Gert Bühringer, Alexander von Harling, Susanne Schey, Baden Baden

Gestaltung: Michael Kasper, Emmelshausen
Fotografie: Johannes Grau, Hamburg
Satz: Buch-Werkstatt GmbH, Bad Aibling
Reproduktion: DG Medien GmbH, Heidelberg

Printed in Germany

ISBN 978-3-937963-92-1